古本屋の四季

まえがき

古本屋の店主になって10年が過ぎました。

畳7帖の広さしかない店舗を借りて、開店に漕ぎつけました。狭い店内の奥まった番台に、13時から1日4時間座っての営業です。

神戸市の下町のバス停留所前にある店舗ですが、歴史ある町の住民は高齢者が多く、幼児を抱える若夫婦や青少年世代は、「読書離れ」といわれる世の流れに沿うように古本屋に立ち寄る気配がほとんどみられません。ましてや、どちらかといえば硬派に属する分野の本を多く並べる古本屋など、縁がないといった感じです。

ほとんど来客のない日ながを過ごしながら、稀に来てくださった本好き・読書好きのお客さんから、本にまつわる蘊蓄、本にそそぐ愛情、蔵書への愛着話をうかがい、問われれば素直に応えもし、率直に意見を述べてきました。

開業後、そんな日常を、業務日誌に少し温かみを加味したような文章を綴り、書評誌『足跡』に「古本屋の四季」と題して書き継いできました。番台から眺めてきた、本と人との風景でもあります。それが、この本の精神です。なお、見出しの下に記した著者名と書名は拙文と多少なりとも縁のある本ですが、文中で内容を紹介することを目的としていません。「古書片岡」を通過したことのある本、あるいは棚に並んでいる本とご理解いただきたいと思います。

むつかしいことは言えません。書くことはさらにむつかしいものです。でも、自ら書き綴ってきた文章を読み直してみると、この10年間でこんなことがあったのかと、わたし自身が驚いてしまいました。

なお、書評誌『足跡』は、神戸の元町商店街にあった老舗の海文堂書店で社会科学書の分野を担当されていた福岡宏泰さんとその書店に通いつめていた客のわたしが意気投合して、1986年8月25日に創刊号を出しました。以降、年4回の発行を絶やすことなく、現在も継続されています。34年前の『足跡』の創刊が、本書出版の発端になろうとは、との思いを深めています。

どうか、定年退職後に本好きがこうじて古本屋になった店主の独り言におつきあいください。

目次

屋号を決めかねて

青木正美著『古本屋四十年』

書評誌『足跡《そくせき》』の初代編集人の福岡宏泰さんに古本屋の屋号を相談すると、即座に「『ふるほん　道楽堂』はどう」と応えてくださいました。この命名について『足跡』でおうかがいをたてると、ふたりからお便りをいただきました。大阪の勢石智佳二さんと東京の佐藤礼次さんです。

勢石さんは古本屋「まなぶ書房」の店主で、「全古書連名簿に『古書道楽』が神奈川県藤沢市にありました。確かに『道楽』でないとやりきれない思いですが。私は福岡さんの『古書一代』が好きでした」とありました。勢石さんは「ふるほん道楽堂」は賛同しかねるということだなと、わたしは読みとりました。この「道楽堂」は、「やまだ書店」店主の山田恒夫さんからも難色が示されました。その人がおっしゃるには「屋号の出典を顧客に考えさせるようなもの、もしくは素直に店主の姓か、店舗のある地名がよい」とのことでした。

佐藤さんは「『満足屋』―万引きじゃないですよ。銀座に『千疋屋』というのがあって、いまもその末裔がやっている店があります。左翼の人がよく使っていたフルーツ・パーラーです。それにひっかけて、『満足屋』というのはいかがですか」とありました。佐藤さんの発想は、とてもユニークで好きなのですが、やはり「万引き」を連想してしまい、躊躇したあげく却下することにしました。

屋号の決定は、兵庫警察署に「古物商」の認可を申請するときまでに決めておかなくてはならず、来年4月初旬が期限です。まだ時間があります。『足跡』同人・読者のみなさん。ほのぼのとする温かさを感じる屋号を、ご提供してくださるとうれしいのですが。

こんなことを楽しみながら、6か月がまたたくまに過ぎてしまい、けっきょくは開業できなかったなんてことになると、みなさんに顔を合わせることができなくなりますね。でも「片岡のことだから、それもあるかも」との思いで、おつきあい、いただけるとありがたいです。

（2008年10月20日）

「古書片岡」に決定

角田光代著『さがしもの』

5月1日に開店予定のわたしの古本屋の屋号は、福岡宏泰さんの「道楽堂」に未練を残しつつ、この道35年の山田恒夫さんの「顧客の側に立てば、地名か氏名がよい」に納得しましたので「古書片岡」に決定しました。

開店準備は3月下旬から始めます。開店には約250万円が必要です。内訳は家賃・敷金で約45万円。古物商の認可申請費約2万円。兵庫県古書籍協同組合の加入金・会費で約35万円。本棚・番台・椅子で約95万円。内装・看板・シャッターの設置で約35万円。FAX電話・パソコン・冷暖房機の購入と架設費で約20万円。社印など備品、本寄贈者への謝礼と運送料、それに宣伝費約13万円です。

店舗の内装ができれば、1冊1冊に値をつけ本棚に本を並べる作業があります。開店までは別宅に待望の書庫を持った気分で、喜々として作業をしていることでしょう。どの店主も専門分野を持ち、自信をもって値段つけをしますが、それゆえに特徴がでます。古本屋めぐりには、思わぬ本が、思わぬ値で見つかるということがあり、それが醍醐味です。

わたしの古本屋開業は残された余生を楽しむためのものです。本好きの道楽の延長ですが、情勢のきびしい時期での開業です。消費経済の冷え込みと、本が読まれない時代の二重の逆風です。相談をした多くの古本屋店主たちは「もう20年前なら、なんとかね」と渋い顔をなさいました。

それを承知での開業です。こんなわたしの夢を応援してくださる人は「古書片岡」を、贔屓にしてください。古本屋も商売ですから、店頭で買っていただくことが基本ですが、処分本を持ち込んでくださる顧客がたくさんいることも大切です。

開店準備まであと2か月。30代の夢をかなえることができるでしょうか。

（2009年1月20日）

「古書片岡」が開店

阿刀田高著『チェーホフを楽しむために』

3月に店舗の賃貸契約を結びました。店舗は立地条件を無視して自宅の近くにし、店舗の内装や本棚の製造や看板の設置は、親しい工務店や木工所に依頼しました。古物商の認可は3月24日に出ました。4月1日に兵庫県古書籍商業協同組合への加入申請をし、業者間の市会の見習いも経験しました。この間、蔵書を貰いに先輩、友人宅にもうかがってきました。

『足跡』92号が同人・読者のみなさんに届くころは、開店して1か月が過ぎています。「古書片岡」の経営状態が、どうなっているか、他人事のように楽しみです。

店頭で取り扱う分野は労働運動、社会主義運動、社会経済思想。それらに関連する事件や闘争を描いたノンフィクション作品。闘争に関わった人物の評伝・画文集・写真集。随筆・小説などです。店頭に並べない分野の本が入荷したら、週1回、古書籍組合が開催する市会で、古本屋仲間に買ってもらいます。

12・7㎡の狭い店舗の2・4㎡分―店舗面積の19％―が店主の居場所です。約5000冊が収蔵できる本棚を中央と両側壁に設置すると、残った空間は幅80㎝の通路のみです。お客さんには反対側の本棚にぴったりと背をつけて、見てもらうことになります。

立地条件はといえば、店舗の周辺は高齢化と住民の減少傾向にある住宅街です。近くに会社もなく昼食休憩時に立ち寄ってくれる人もいそうにありません。店舗の前がバス停ですが、営業中に停まるバスは40本で、平均乗降客は6人ほどです。平野市場・商店街は、次（手前）の停留所で人が流れてきません。


【追記】

4月12日の週から店舗の内装工事が本格化しました。シャッターの取り付け、テントの塗り替え、天井の塗装、シャッターに宣伝文の書き入れなどをしていただいている横で、わたしは本の運び込みや分野別の並べ変えをしていました。

するとバスの乗降客や道行く人が好奇心をもって見て行かれるのがわかり、反応は悪くありません。なかには店内を覗き、声をかけてくださる人もいます。本好きの人は話し好きの人が多いようで、どんな本が好きとか、図書館を利用しているとか、字が小さいのは困るとか、貸本屋の思い出を語っていかれる人もいます。

入口に貼った「開店のご案内文」を熱心に読んでくださり「本の引き取りもしてくれますか」と問う人が2人、「いつから開店ですか」と問う人が7人もいました。また町内の女性が「亡き伯父の家の整理をしたら、本がありました」と、20冊ほどくださいました。

元同僚だった女性は「片岡さんのお店ですか、読み終えた小説や児童書など持ってきます」。現役の大学教授からは「古本屋開業の夢はほんとうだったのですね、実家に置きっ放しの本、片岡さんに活用してもらいます」と声をかけてもらっています。21日には『足跡』同人から「開店前に持っていけない、ごめんね」。大阪在住の叔母から「開店したら、作家・東野圭吾の本を持っていくからね」との電話が入りました。楽しみです。

開店前ですので、顧客の読書傾向、探求書の好みなどがわかりません。5000冊入るとはいえ限られた店舗です。専門分野を大切にしながら、顧客の読書傾向にもあわさなければと思っています。そもそも顧客がつくか。わたしが不在だった23日には「本棚を見渡たされた女性が『むつかしい本ばかりや』といって出ていかれたですよ」と店内で作業をしてくれていた工務店の角田節郎さんが報告してくれました。
「古書片岡」の行く末が楽しみです。

（2009年4月20日）

古書籍組合の内幕

沢木耕太郎著『バーボン・ストリート』

２００９年4月6日に、履歴書と古物商の認定書を持って、待望の兵庫県古書籍商業組合への加入申請をしました。

14日16時に、月に1回開催されている理事会に呼ばれ、理事会開催の前段にわたしへの簡単な面接がおこなわれました。ここでの内容は、組合の方針、業者市の持ち方の説明を受け、古本屋開店の動機、屋号、店舗の有無、営業方針などを聞かれました。

そのあと、わたしが退席してから理事会で加入の許可・不許可について審議されたようです。夜に、加入許可の連絡が入りました。翌15日に組合会館内にある事務所に行き、加入金30万円を納め、保証人などの提出書類を受け取り、早く処理をしたいので、16日に書類を届けました。

これで組合員になれました。だが「研修を受ける義務がある」とのことで、4月21日、28日、

5月5日、12日に開かれた業者の市会に参加し、その仕組みを学びました。この市会は会派のようなグループごとに、開かれているとのことでした。ただし、出品や入札などへの参加は、所属会派に関係なく参加できます。わたしは、どのグループにも所属しない方針を伝えました。

また業者同士が開催している顧客を対象にした古本市にも参加しない方針です。市会には、店頭で扱わない本が増えたときや顧客からの注文品の仕入れのために参加させてもらいます。この制度を活用しなければ、組合加入費や組合費を納入する意味がありません。

運が悪いというか、残念なのは組合が顧客用に発行する「古書店地図」が4年ぶりに改訂されました。その「地図」には、3月現在加入している組合員の店舗が掲載されていて、「古書片岡」は、数年後の改訂を待たなければなりません。楽しみでもあり、それまで経営が維持できているか、ひとつのポイントとして、楽しませていただきます。

こうして、古書籍組合の決めごとがわかりかけてくると、とても残念に思うことが、ひとつあります。

それは、定年退職した兵庫県土建一般労働組合に在職中のことです。定年まであと6か月のころ、組合で役員をされている某工務店の店主が、建設土木の研究をされてきた大学教授宅の改築工事中とのことでした。

話は「その教授の蔵書の処分を任され、工務店の倉庫に段ボール箱で約250箱ある。片岡さんは定年後、古本屋をするのでしょう。目ぼしい本すべて持って帰りなさい」と言ってくださいました。わたしはお言葉に甘え、すべての段ボール箱を開封し、約9000冊あったであろうなかから400冊ほどを選び、わたしの店舗にふさわしいと思う分野の本のみをいただきました。

組合加入後、わかったことに週1回市会があり、不要な本は持ち寄れば良いということです。ならば、すべての本をいただいておればと思ったことです。「後の祭り」とはこのことですが、思い出すたびに残念です。それに開店後なら、違った視点でいただく本の選別をしていたかもしれないなとも、思っています。

わが「古書片岡」は開店してすぐです。今後、こんなに大量の蔵書が処分される現場に出会えるかどうか、わかりません。しかし古本屋ならではという、これまでわたしが見向きもしなかった本との出会いもめぐってきそうで、いまからとても楽しみです。

広くない店舗ですから入荷する本すべてを本棚に納めることはできませんが、わたしの好みにしたがった選別をしていきたいと思います。あつかいたくない分野の本などあつかわず、組合の先輩の助言「店主の好きな本を取りあつかうことが、客を呼び客に評価されることになる」を守っていきたいと思います。さてどうなるでしょうか。

（２００９年４月26日）

ようこそ「古書片岡」へ

坂本幸四郎著『雪と炎のうた』

「古書片岡」は、開店して4か月が過ぎました。お祝いに駆けつけてくださった『足跡』同人・読者のみなさん。「役立ててください」と重い本を持参してくださったり、宅配便で送ってくださった友人、知人のみなさん。ありがとうございました。

町の人びとの反応は良好です。5月と6月の収支決算はわずかに黒字となりました。ただし、税法上7年間で償却させる創業時の設備投資費の1か月の償却額は約2万円を加算せずにとの条件つきです。「儲けてください。だがほどほどに」と、励ましてくださった佐藤礼次さんのお言葉には添えそうにありません。儲けるにはほど遠い状況です。

開店の慌ただしさが一段落すると、顧客の動向を眺められるようになりました。業界ではいま文庫本が人気です。だがわが店では高齢の顧客が多く、字の大きい単行本も売れています。お孫さんにといって児童書や絵本を10冊まとめて買っていかれる人もいます。読書好きの子どもたちが増えるようにと、児童書や絵本は安くしています。また古本屋は初めてという、30代の女性とは定価より高い値をつけている理由なども話題になりました。先輩の「やまだ書店」や「ロードス書房」が、わが店を紹介してくださいます。なかには向坂逸郎先生の著書や労農派マルクス主義の本の収集家もいらっしゃって、１９６０年代以降の話題、兵庫県で活動していた「あの人・この人」におよび、会話が弾みました。

わたしが向坂先生の著書に初めて出会ったのは『資本論』発刊１００年記念で出版された岩波新書の『資本論入門』です。その「あとがき」の一文に心ひかれ、理論的にも人間的にも尊敬するようになりました。九州大学名誉教授だった小島恒久先生は、若かりしころの拙著に「寄せて」で、「『経師を得るは易く、心の師を得るは難し』という中国古典の言葉がある……（中略）……片岡君にとっても向坂先生はまさにこの『心の師』であった」と書いてくださいました。うれしくも、ふりかえってふさわしい行動を取り得てきたか、との思いも深くしました。

古本屋の団体に兵庫県古書籍商業協同組合があり、その業者間の市会に4月の第3火曜日から参加しています。店主から持ち寄られた本が、売り買いされます。どんな本が、どんな値で落札されるか、どの店主が落札したか、買い手のつかない本はどんな傾向のものかもわかり、勉強になります。

5月11日の市会で初めて落札でき、5月18日に初めて出品しました。ほしい本が入手でき、店頭にならべない不要の本に値が入り引き取られていきます。ちょっと快感でした。

店での初めての買入れは5月15日でした。単行本22冊と文庫本15冊を持参されました。よい値をつけたつもりですが、ご不満そうでした。「値はどんな基準でつけるのですか」と聞かれ、「文庫本は◎円、単行本は◎円。希少価値、美本や汚れの状態、線引きや蔵書印、署名の有無などで加減していきます。買取りできない本もあります」と伝えました。

ご自宅にうかがっての買取りは17日でした。ほとんどが文庫本で約１０００冊ありました。搬出、作者別や内容別に仕分け、市会の会場である組合会館への搬入作業は重労働で大変な作業です。買取った本の約4割は、本の大敵である湿気や汚れがひどく破棄しました。

店頭では、どの分野の本を手にされるか、「買うべきか、買わざるべきか」と悩まれている表情を、番台から見ながら立場が逆転したのを実感しています。人を見て書評誌『足跡』の古い号を差しあげる人もいます。

入口のガラス戸に「『足跡』取り扱い連絡所」の貼り紙をし、神戸市立博物館と山形県酒田市の土門拳記念館の案内ポスターを貼っています。逆に近所の84歳の人が、ご自身で紹介文まで書き添えて周辺に配ってくださいました。滋賀県彦根市の前川俊行さんは、HP（http://www.miike-coalmine.net/）や、月刊誌『異風者からの通信』で紹介してくださっています。「古書片岡」応援団です。ありがたいことです。

世の諺は「石の上にも3年」ですが、『足跡』同人仲間の梅川正信さんは「本の中にも3年」と色紙に書いてくださいました。せめて「古書片岡」10周年を祝っていただけるまで店が継続できるように努力します。

（2009年4月20日）

同業仲間の店

池澤夏樹著『静かな大地』

古書籍組合に加入せずに、がんばっている古本屋を、『足跡』元同人の引き合わせで訪ねてみました。屋号は「トンカ書店」。経営者は30代の若い女性です。店舗はＪＲ元町駅の東口を南北に貫く鯉川筋の山側を、少し東に入った路地の一角にあります。

自己紹介をせずに、ちょっと後ろめたさを隠しながら、しばらく客層や品揃えや値段を見て過ごしました。若い女性客や子どもが多く、客層に応じた品揃えがされていました。わたしの目からは、古本屋というより本を主にした雑貨屋さんといった趣がありました。「持ち込まれる品は原則としてすべて買い取る」という方針を紹介者から聞いていたとおり、中古カメラや鍵類などもありました。

定休日は特定されていないようで「ほぼ年中無休」との張り紙がありました。閉店後も店内で紙芝居の会や詩の朗読会が催され、店内の一角を区切って写真展などもされたりしています。店そのものが生活の拠点のようにも感じました。遅ればせながら、名乗りをあげ自己紹介をすると、満面の笑みをたたえ、この店の常連さんで91歳には見えない元気なお客さんに、「今度、神戸市営バス五宮バス停前にできた「古書片岡」を一度覗いてみなさい」と、薦められていたとの秘話を聞かせてくださいました。

店内に漂う雰囲気から、自らの人生を楽しむために開業されたのだろうと、感じてしまいましたがどうなんでしょう。ゆっくり語り合える時間が取れれば、お聞きしたいと思いました。店への思い入れの深さも、わたしとは「質が違う」とも感じました。

兵庫県古書籍商業協同組合に加入の組合員にも若い人がいます。店舗をもつ人、無店舗の人とそれぞれですが、わたしにはみなさんが先輩です。わたしが古本屋めぐりをしているときに言葉を交わしたことのある店主、古本市の会場で、お顔を拝見したことのある人とさまざまです。

わたしは道楽で古本屋を始めたという思いがありますので、10年ほど古本屋として楽しめれば、わが人生の締め括りができると思っています。だから兵庫県で、神戸市で「この古本屋あり」なんて、顧客に思われるような高い志や夢もありません。ただ口コミで人が集い、本が集まってくるような、そんな店にできないものかと思っています。

そう考えながら、神戸市周辺の先輩書店での専門分野、品揃え、店主の人柄などを思い浮かべながら、それぞれの目標とすべきを定めています。専門分野では社会科学書、政治家の評伝・回想録などが豊富な山田恒夫さんの「やまだ書店」。文芸書、絵画・陶芸芸術書では宇仁菅民世さんの「宇仁菅書店」。棚作りから雑多な収集本と飾り気のない人柄で魅力なのは加納成治さんの「街の草」でしょうか。そして若手では児童書、映画・音楽関連書の尾内純さんの「口笛文庫」だと思っています。

店主のみなさんはざっくばらんで親切です。この業界は競争相手という概念がなさそうです。東京の神田の古本街までいわなくても、大阪でも阪急電車の梅田駅北側のかっぱ横町や大阪駅前ビル地下街など、多数の古本屋が軒を連ねています。相互に客を呼びあい客層を広げあっているように思えます。神戸では店舗のある人、ない人が共同でひとつの店舗をもち、輪番で番台に座り、営業しているところもあります。

インターネットも通信販売目録も作っていない、わが「古書片岡」はこれまでのお客さんの口コミやバスの車窓から知ってくださるのと、先輩書店が紹介してくださることで、すこしずつお客さんがふえています。ありがたいことです。

（２００９年11月１日）

顧客列伝

中野三敏著『本道樂』

「古書片岡」のシャッターには「本好きの　人・本・心　つなぐ店」と書き入れてあります。元町高架下商店街で店を構える「春風書店」店主の坂井良行氏が、この文章を見て「店の前を通ったが、あれぐらいの自信がなくっちゃぁね」と評されました。「自信がある」は誤解ですが、うれしく思いました。本への思いを短く言い表すのに乏しい知恵を絞り、俳句に似せて「五・七・五」を踏み、すなおに表現したつもりでした。

開店して2か月のある日、午前中に店頭で整理作業をしていると、「いつ開店されるのですか」と声をかけられたり、「身内が幾度か行ったが、いつも閉まっているといってましたよ」と、いわれてしまいました。

そんなこんなを経て6か月が過ぎました。

週や月に一度、定期的に来てくださる、お得意さんも幾人かはできました。人それぞれ、いろいろな人がいらっしゃいます。

7月に岡山県との県境・赤穂市から初めて来られた、40代の独身者との会話です。

「遠路わざわざ、ありがとうございます」

「わざわざと違うねん。福原のソープランドに来たんやけど、馴染みの女の子が欠勤やったから、ここを覗いただけや。ソープやったら1回2万円使うけど本なんて安いもんや」と言いながら、物色されていました。

そして買ってくださったのが、魯迅に関連する2冊でした。「これも欲しいな」と手にされたのが、ゴヤの画集『一八〇八年五月三日』、堀田善衛著『ゴヤ』、それに田中正造を描いた立松和平作『毒』でした。

つぎに神戸市須磨区からの50代の男性は、「ロードス書房に貼ってある案内状を見て来ました」とのこと。店内に飾ってある写真作品を見て「あの片岡喜彦さんですか」と問うのです。わたしは思わず「あの？　とは」と聞くと「神戸市立中央図書館で、こんなにも本好きな人がいるんだと思った」とのことでした。つまり拙著『労働者人生　本・人・心』を読んでくださっていたのです。

こんなお客さんは初めてでうれしくなり、写真集2冊を差し出し「どちらかをもらってください」というと、選ばれたのは『高架下商店街と人びと』でした。その後も『足跡』20号や93号を、お貸ししたりしています。

つぎは同じ町に住む70代の女性です。夫君を亡くされて10年。「寂しさを紛らわせるために、息子からパソコンの操作を学びインターネットを楽しんでいた」とのこと。「近所に古本屋が開店し、今は読書の楽しみや喜びも増えました」と、バスに乗られる前後に顔を出され、定期的に買ってくださいます。この人がある日、「野球は観られますか」と聞かれ「これ読んでやってください」と小野俊哉著『V9巨人のデータ分析』(光文社新書)をくださいました。神奈川県在住の娘婿さんの著書で巨人の9年間の全試合のデータを分析し、そこから試合運びなどを解いた内容で読みごたえがありました。近刊の『日本シリーズ全データ分析』(ちくま新書)もいただきました。

最後も70代の女性です。「寂聴訳『源氏物語』はありますか」と来られました。講談社文庫で全10冊なのですが、棚に前半の5冊がありました。それを買ってくださり「後半も揃えておいてよ」「先生について友人たちと勉強会をしているの。今度は『源氏物語』とのこと。わたしは『足跡』同人仲間の藤原美和子さんからいただいた「折り紙入りのしおり」を「友人の友人が作ってくれました。どちらかを選んでください」と、差し出すと「どちらも素敵ね。ふたつとも貰っとく」と言ったあと「友人って女性でしょう。ガールフレンドね」と、にこりと笑われました。いやぁ、実にお若い。

「古書片岡」は、開店6か月にしかならない小さな古本屋ですが、お客さんと毎日楽しく、このような交流が持てています。

（2009年7月20日）

初見の本たちとの出会い

松岡進著『瀬戸内海水軍史』

開店して10か月になります。この間に買取らせていただいたのは5件になります。そこで感じるのは、その人たちの人生模様です。

おひとりは、定年退職後すぐに、自宅で倒れられ亡くなられました。

その人は、水質汚染や環境問題の専門家でした。また民俗学・民族学・考古学・城郭にも関心を寄せられていて、アイヌ民族や沖縄、在日朝鮮・韓国、未解放部落など、これまで社会から虐げられてきた民族や人たちに関する本も多数ありました。定年後に本格的な研究をされる計画だったのでしょう。

蔵書から見えてくるのは、「本の収集が趣味ではなかった」ということです。全集物や2巻本も、必要とされる巻のみを購入されていたことから推察できます。

それらの蔵書は玄関脇の物置に置いていかれます。わたしは適当な間隔をあけて引き取りに行きます。その度に顔を合わせる90歳の母上に「残されて、お辛いでしょうね」と尋ねると、気丈な母上は「家事一切ができなかった息子なので、私の方が残されて良かったと思っています」と、おっしゃいました。

本を引き取り始めて6か月が過ぎましたが、本も雑誌も各2000冊は超えていると思われます。「古書片岡」に、その人のコーナーを設け、約450冊を並べています。母上とは本の引き取りが完了したら、「ご子息を偲ぶ食事会」の約束をしています。

もうひとりは89歳になられる愛書家です。

眼が弱くなられたので「元気なうちに処分したい」と声をかけてくださいました。10月5日から6日間かけて引取りました。先の人の反省に立ち、おおまかな分野ごとの区分別と冊数を記録していきました。その数は、単行本や全集で1005冊、雑誌が80冊でした。まだ3000冊ほどあるとのことです。

蔵書の分野は松尾芭蕉、井原西鶴、近松門左衛門などの近代文学の作品と、その解説や解釈本でした。さらには書道や篆刻の専門書、旅行では「奥の細道」を辿られたのでしょう。写真集も多く豪華な大判本もありました。詩人の佐藤春夫から、ご本人宛に贈られた直筆署名本もあり、その本は「私が死んだら片岡さんにあげるね」といっておられます。

東京在住のご子息からは「心配だから東京に来るように」、ご本人は「まだ決断がつかない」などとも話されていました。そのご子息に蔵書の処分方を相談されると「蔵書一代。父の本の処分は、父の手でしなさい」とおっしゃられたそうです。よい話だと思いました。

さてここに紹介した、おふたりの蔵書が店頭で、次の読者に迎え入れられるかといえば「右から左」というわけにはいきません。このことは経営的には厳しいことですが、それらの本を眺めていると、開店1年にもならない、偏った蔵書しか持たない古本屋に風格を与えてくださったと感謝しています。

最後に、40年近く労働者運動をともにしてきた「同志」と呼べる福知山市、豊中市、安芸郡府中町の仲間や、兄のように慕っている多治見市の先生から蔵書を譲っていただいてきました。それらの蔵書からは、各人の専門分野や活動分野、それに関心を持たれていた趣味などが浮かびあがってきます。他方、重複する全集物や新書や雑誌が、お互いにあったりしました。たとえば新潮社版『マルクス・エンゲルス選集』（全16巻）などです。

学習会に使用されたのでしょう。本には無数の書き込みや線引きがあり、報告レポートや関連の新聞記事の切り抜きが挟まれているものもありました。同志や仲間のみなさんの旺盛な学習欲と活動ぶりが伝わってきます。

「古書片岡」と縁ができた、これらの本たちが、次の読者と出会えることを楽しみにしながら、番台に座って、その行先を見届けたいと思います。

（２００９年10月20日）

営業時間

山口昌子著『シャネルの真実』

お客さんと友人たちから「午前中は何をしているのですか」といった質問がよくあります。心やさしい友人からは「好きな読書や研究をされているのですか」と好意にみちた問いかけがあります。同居している家族からは「家で愛犬こたろうとじゃれあっているのだろう」という疑惑がありありです。

現実は家族3人が出勤したあと、家事をこなし、店に出る前に愛犬こたろうと散歩に出て、5時間の留守番を覚悟させます。だから「仕事に行ってくるぞ。君の仕事は留守番」といえば、2階の出窓に向かい、そこから見送ってくれます。

毎日ではありませんが開店前を利用して、本の引き取りにお宅にうかがったり、買取った本があるときは、次の市会に出品するための分類や荷造りをしたりしています。また組合会館への本の搬入や、売れ残った本の搬出などに行き、雑務に追われています。

開店後の過ごし方は、まず店内や店先の歩道の掃除をし、ワゴン2台と移動式本棚1台を店頭に出します。その後、お湯を沸かしたり、お茶を飲んだりしながら、1日が始まります。来客の多い時間帯は16時と17時台です。買物帰りや病院帰りなどに寄ってくださっているようです。ですから、店内には手荷物が置ける椅子も用意してあります。両手を解放して、ゆっくり見ていただきたいからです。

営業時間については、家族から「10時か、11時にすべきだ」との意見がありました。わたしは「35年間も働いてきたのだから、のんびりでいいではないか」と抵抗しました。親しくしてもらっている大学教授からは「開店を1時間遅らせ、勤め人のために19時まで開けておくべきだ」との助言もいただいています。これも「あと1時間で幾人の来客があるのか」といって実行に移していません。かわいくない店主です。そもそも、62歳にもなってかわいいなんて気持ち悪いですよね。

それでも、その教授は通勤や出張時に読み終えられた本をくださいます。発刊すぐの本が多く、ありがたいかぎりです。

木曜日と土曜日を休日にしたのも、多くの人に不思議がられています。業者仲間は、市会のある火曜日を休みにされています。つまり業者仲間は市会に参加するので休息日なしということでしょうか。それに、来店者が比較的多い土曜日を休日にしたのも疑問のようです。それには私的な理由があり、家庭の事情に属することです。

古本屋も小売業ですから、みなさんは「お客さん」といえば、本を買ってくださる人と思われるでしょうが、本を売りに来られる人も、貴重なお客さんなんです。古本屋は新刊書店のように定期的に刊行される本が入荷するわけではありません。本棚に並べた本がいつも同じなら飽きられて、お客さんの足が遠のきます。だから「読み終えられた本をお譲りいただける」ことが大切なのです。

わが「古書片岡」のお客さんは、70代を中心に60代の人が多いのです。その多くは、読書で育った時代の人たちです。最近はテレビも見飽きたとおっしゃいます。話をうかがうと「出演者だけが楽しんでいる」「半裸体で動いているのが芸だと思っている」「意味不明な奇声を発して動き回っている」「笑いを強要されているように感じる」。それらを強制的に見せられている気がするといわれます。

開店して1年になりますが、13時の開店で良かったと思っています。平日は15時前後まで来客がなく、多い日でも10人を超えず、少ない日はゼロ人です。わたしには、生活費を稼がなくてはいけないという切迫感がありません。ありがたいことに「有料の書斎」にいる感覚でいます。

興味のある人はご来店いただき、30分ほど番台に座ってみてください。楽しいですよ。

（２０１０年5月20日）

顧客列伝2

平野長靖著『尾瀬に死す』

「古書片岡」は2年目にはいりました。

ご近所の人がほとんどですが、常連といえるお客さんも増えてきました。多くの人は60代、70代です。

その人たちのお目当ての作家は、池波正太郎、黒岩重吾、西村京太郎、藤沢周平、新田次郎、今東光、北杜夫、松本清張です。作品は、古くて新しいものとは思いますが、時代を感じます。みなさんの目が心配で「大丈夫ですか」と、お尋ねしてしまう人もいます。

海外の推理小説ファンの人もいます。小説とセットで民芸の理論書を買われる人もいます。「次の読書会は遠藤周作よ。ある」と来られ、なければ「今から書店に行くわ。ここにあれば安いのにね」と。この3人は女性です。

つぎの3人は男性です。40代で子どもたちにラグビーを指導している人で、いつも練習帰りに寄られます。絶版となった保育社のカラーブックスの収集家で、出版点数約９００冊のうち、未収集は２００冊を切ったそうです。つぎは60代の人です。書道や篆刻の関連の書で、毎回5冊ほど求めていかれます。無口な人で、代金の支払いのときだけ「もう少し安いといいのにな」と、ぼそりとおっしゃいます。最近では電卓を叩き「こんな額でどうですか」と聞いてから、清算してもらっています。

奇特な人では、大阪の高校で社会科教諭をされている人です。大阪から来られ「神戸市立中央図書館で読んでいますが、ゆっくり読みたいので譲ってください」と自費出版の拙著を求められました。もちろん謹呈しました。

バス待ちで初めて寄られた女性です。清算時に和紙で作った人形しおりを「友人が女性客にといって作ってくれました」とさしだすと「気持ちのよい対応ね。これお返し」と、神戸市立小磯記念美術館の招待券をくださいました。この「しおり」は元同僚の梅本登美代さんが作ってくださったものです。

最年少のお客さんは、3歳の絵本大好きの江﨑大起くんです。店の前を素通りのときも、かならず手を振ってくれます。また愛犬こたろうと仲良しの犬が店に訪ねてくる時もあります。

つぎは本を持参され、代金を受け取られない人たちも幾人かいます。その対応ですが、古本屋の先輩からは「友人がくれる以外は、わずかでも代金を払うように」との助言を受けています。しかし「資源ごみや荒ごみとして捨てるのは忍びない」と、ご持参くださる人からは遠慮なくいただくことにしています。

大学教授からは「専門外の雑本だ」と、ご持参くださる新刊の文庫本や新書をいただいています。あるいは「もう読み終えたから」と、わが店で買ってくださった本を置いていかれる人もいます。時には、その折りにつぎの本を求められます。どう代金を受け取ればよいのかと悩んだりします。

またシベリア抑留の体験者で85歳の人がいます。日ごろから抑留の体験談や抑留者の交流会の話をうかがっていました。「あなたが古本屋をするのを知っていたら、抑留者団体の生資料を残しておいたのに」と、開店時に文庫本と1970年・80年代のLPレコードをたくさんくださいました。生資料はほしかったなと、悔しい思いをしました。

この人たちには「この店を住民図書館として活用してください」と勧めています。利用者は現在7人です。なかには、後日「あの本よかったから手元に置いておく」と代金をくださる人もいて、欲しい本を求めていただけて、よかったと思うことがあります。

そんなこんなは、商売としては邪道かもしれませんが、この町で古本屋として余生を送らせてもらっていることを思えば、売上げや赤字などに執着がないのです。「古書片岡」のキャッチ・フレーズ「本・人・心」を大切に守りながら、定着できればと思っています。

（2010年1月20日）

値つけの基準

竹内芳太郎著『野の舞台』

滋賀県の前川俊行さんから「『みいけ　闘いの軌跡』を探している人がいます。ありますか」と、電話がありました。

わたしはすぐ店で確認。なんと1万円とつけていました。電話で「在庫有り、1万円です」と伝えました。案の定「高い。安い店を探しますといっています」と折り返し、電話がありました。数日後、前川さんから「先日の人、京都で見つけたが、もっと高かったとのことでしたよ」と連絡があり、ホッとしました。

わたしの友人には、古本屋の値段つけに興味というか、関心をもたれている人が結構います。その基準は一般的に、社会的評価が高い、本の保存状態が良い、発行部数が少ないなどが値段つけの基準になります。最近ではインターネットで全国的に「この本なら、いくら」という相場ができています。その分野を専門としない古本屋にもわかり、便利です。

それでも、某店で１０００円、他店で１００円ということがあります。それが古本屋めぐりをする愛書家の醍醐味であり、楽しみであり、魅力なのだと思います。

わたしは若いころから、パソコンを所持せずインターネットに無縁でしたので、全国的な相場がわかりません。他店の通信販売目録の値段もあまり参考にはしません。あくまでも著者や作品内容や発行年月日などにより、わたしの基準でつけています。

開店して1年です。豪華な本で、年配のお客さんに人気のある本は彫刻家・佐藤忠良の作品集『佐藤忠良』（１９８９年・講談社刊）で、新刊時の定価は3万９０００円なのに、「古書片岡」の売り値は4万３０００円です。

お客さんの反応の一部を紹介します。

開店して3か月後のある日。東京大学文学部で仏文学を学ばれ、いまも某大学の教壇に立たれている神戸市東灘区在住の人と、向坂逸郎先生について話をしていました。そのうちに「あの『佐藤忠良』を見たい」と手にされました。そして「あなたはこの本を手放す気がないのだろう」「もうすこし安ければ、友人に買ってやろうと思った」とおっしゃいました。そこで「喜ばれる人の手元に行けば、本も幸せでしょうから安くします」といいました。すると「あなたの向坂先生はぶれなかった。一度つけた値に自信を持ちなさい。それだけの値打ちを、あなたはこの本に認めたのでしょうから」と諭されてしまいました。

また別の同世代の男性から、4月にはいって「蔵書を処分するから見積もりに来てほしい」といいつつ「この本、見てみたい」といい「いいな、いいな」を連発されるので、「値段は相談にのりますよ」というと「安くしたらいかんよ。この本はこの店になくては」とおっしゃるのです。

ですから、これまで7人が手にされましたが、いまも奥の棚に居座ったままです。わが「古書片岡」に、歴史的に貴重な本が入荷することもないと思います。でも出版時の値段より高くつけられている本は、約5000冊中100冊ぐらいです。すべては、わたしの愛着心のなせる仕業です。

たとえば辺見じゅん文・北井一夫写真『探訪　北越雪譜の世界』(角川書店)、山本作兵衛画文『筑豊炭坑繪巻』(葦書房)、バーナーダ・シャーン著『ベン・シャーン画集』(リブロポート)、香月泰男著『私のシベリア』(文藝春秋社)、それに向坂先生が九州大学の講義のために書かれた『経済学方法論』(全3分冊・河出書房)などがあります。

それぞれの本は、幾人かのお客さんが手にされましたが求められませんでした。値段の問題でしょうか。

このように書くと「古書片岡」は、値段が高いと思われそうです。しかし、多くの本は「こんな値でよいのですか」「他店では◎◎◎円していますよ」と教えてくださるということが、幾度もありました。

あくまでわたしの基準、思い入れでつける値です。「古書片岡」でどうしてもほしいと思う探求書と出会われた人は、さて幸か不幸か。

（2010年7月20日）

期待膨らむ待機期間

青山茂編『正倉院の匠たち』

店のシャッターや窓ガラスには「読み終えられた本、お譲りください」と、大きく書いて貼ってあります。

そのあとに、つぎの能書きがつづきます。

読み終えられた本を、家庭ごみや荒ごみとして捨てられていた人、「古本屋に持ち込むほどでもない」と判断し処分されていた人、「古書片岡」の存在を思い起こしていただけますとうれしいです。分野にはこだわりません。

なお、文芸書・小説類は書き込みや署名の蔵書印のないのが望ましいです。専門書や理論書はその限りではありません。処分をお考えになられたら、ご一報いただけますれば幸甚です。よろしくお願い申しあげます。

この能書きは、バスを待たれている人などに、よく読まれているらしいのです。

開店してみて気づいたことは、蔵書や読み終えた本を古本屋に「売る」ということに、思いおよばない人が多いということです。それと「読み終えられた本、お譲りください」を、この古本屋は「くれ」といっていると、受け取られている節があることです。だから開店時に店に行くと、シャッターの前に本が置いてあることがときたまあります。また代金をお渡ししようとすると「お金をいただけるのですか」とおっしゃる人もいます。

店の存在が知られてきて、冊数の多い人は事前に声をかけてくださいます。「亡き夫の蔵書ですが整理できたら連絡します」「処分したいのですが離れて暮らす息子と相談してからにします」「帰宅が遅くて開店時間内に来れない」「転居のため処分です。勤めもあり一度では済みません。間をあけて3回ほどに分けてよいですか」などです。

２０１０年６月25日現在で、わたしが楽しみにして待っている人は5人いらっしゃいます。この待機期間は総体的に長く、期待しながら待つこと3か月、４か月。半年過ぎても音沙汰のない人もいます。

申し出のあったおりに、つぎのように書いた印刷物をお渡ししています。

蔵書の処分をお考えの愛書家のみなさん。愛書への愛着の大きさにみあうほどの代金を、お支払いする自信はありませんが、読み終えられたおりの感動を、つぎの読者にも味わっていただけますよう、本をお譲りください。蔵書の量や分野にはこだわりません。

※蔵書をお持ちいただく折りは営業日の営業時間内に、ご自宅訪問での引き取りは営業日の午前中にさせていただきたいと存じます。

これは、安く買い取ろうという下心からではありません。

新刊書で買われた定価からすれば、「二束三文」と受け取られかねない値、愛着度からすればあってないような値しか、提示できないからです。それを思うとわたしの気持ちは暗く重くなります。わたしも買い取る側でなく、処分する側に気持ちを移してしまうからです。だから「所有なさる条件がおありなら、最後まで手放さずに」といってしまいます。

もうひとつ気づいたことは「おうかがいして整理のお手伝いをしますから、残される本と処分される本を、その場で区分されては」と伝えると、ほとんどの人が断られることです。自宅に上がり込まれるのには躊躇があるのでしょう。裏を返せば、信用されていないということなのかもしれません。

女性が読まれた本は、全般にきれいで小説類も多く楽しみです。声がかかったとき、本の分野などを想像します。すぐにつぎの読み手があらわれそうな本かより、わたしが読みたいと思う本があるかに関心があります。まだ商売人になりきれていないのでしょうね。

こうして当日を迎えます。

まずは分野、保存状態、蔵書印、線引きなどの有無、文庫・新書・単行本・図録などの分類と冊数、全集物の揃いなどを確認します。緊張するのは代金の額をいうときです。満足いただける可能性は低いからです。「高い値の方がよい」と「売れ残ることが前提」のせめぎあいなのです。そこがつらいところです。

だから、わたし自身が読みたいと思う本が、幾冊含まれているかによって、引き取り値に微妙に影響します。

（２０１０年７月20日）

人生これから

外浪凛太郎著『列車の旅へ出発進行』

２０１０年11月21日の「古書片岡」の風景。

開店してしばらくすると、わが店の後見役のような岩井孝之さんが来てくださいました。いつものように本棚を眺められ、すぐに2冊を手にされ番台に座られました。１か月間の積もる話をうかがおうとした矢先に、リュックを背負った年配者が入ってこられました。

初めての来店者です。お名前をうかがうと「吉村啓一で72歳です」と名乗られました。「わざわざ来てくださったのですか、どちらからですか」「通りすがりで、北からです」と静かな語り口調で話しはじめられました。「六甲山を宝塚から烏原貯水池（兵庫区北部）まで4日かけて歩きました」とのことでした。

岩井さんには失礼だったのですが、この人との会話を優先させ、熱い昆布茶をお出ししました。探求書や蔵書の分野は自然科学系のようです。お話しのなかで今西錦司や湯川秀樹の名がよく出てきました。「高齢なので蔵書の処分も考えている」とのことでした。

わたしは「神戸市北区」と思い込み「車で引き取りに行きますよ」というと「遠いですから」という。どうもおかしいと聞きなおしてみると、北は北海道のことで向有珠町在住とのことでした。

「北海道を離れたことがない。大学も北大医学部」「あす飛行機で帰ります」とのことでした。印象的だった会話は「学生時代にハンセン病のことを知っていたら、その道に進むことも可能だったのに」と語られたことでした。

わたしは北海道と聞き「行くにはちょっと遠いですね」と思わずいってしまいました。そこで別れ際に「きっと一期一会でしょう。神戸に来られた記念に」といって、拙著『本のある風景4　労働者人生』をもらっていただきました。ここには香川県の国立療養所大島青松園の大西笑子さんのことや函館市の古書店「古書浪月堂」のことを書いた文を収録しているからです。そして「代金を請求されないなら、ご不要な蔵書を着払いで送ってください」といいました。すると「ほんとうにそれでよいのですか」と帰っていかれました。

あれから1か月が過ぎましたが届きません。ご住所も聞いていますので、おうかがいの便りを出すことも可能ですが、やはり蔵書への愛着で手放せないでいるのか、それとも荷造り作業が大変なのでしょう。ゆったりと届くのを待ってみます。

話は戻ります。

岩井さんとは、吉村氏を見送ってから、俳壇についてのご教示を受け、話が弾みました。バス停までお見送りしたとき「90歳、歩くのがつらくバスで来た」「バスもだめになったらタクシーで来ます」と、おっしゃってバスに乗りこまれました。

岩井さんと重なるように来られたのは、少年ラグビーチームを指導し、審判員もされている50代の男性です。約2か月ぶりのご来店でした。保育社のカラーブックスの収集家で、あと170冊弱が未収集とのことです。今回は「収穫があった」と喜んでいただけました。

後日談があります。

大阪府在住の奥本健一さんから、お便りとカラーブックス25冊の一覧表が届き「不要です。活用してください」とありました。この25冊のなかに、先の男性に未収集の本が何冊あるか。その結果も楽しみです。

入れ替わるように来られたのが東隣の町に住む鉄道ファンです。この人は中・長距離列車での旅や、電気機関車の運転ができる企画をもつ群馬県の「碓氷峠鉄道文化むら」に出向き、運転体験などもされています。

そしてそれらの体験談を出版され、すでに6冊も世に問われています。乗車された中・長距離列車は、シベリア鉄道、スロヴァキア急行、中欧列車、オーストラリア東海岸および縦断コース、アメリカ西海岸列車などです。

「来客ゼロ」の日もある「古書片岡」ですが、この日はたくさん来ていただけて、お客さんとの語らいが楽しめた一日でした。


（2010年1月20日）


【追記】

北海道の吉村氏が、「古書片岡」に立ち寄られてから、初めての正月を迎えました。その吉村氏から年賀状が届きました。文面によると「六甲山でいためた肩と首の痛み」に堪えつつ、送る蔵書の選別をしてくださっていると記されていました。

そして2月20日に開店準備をしていると宅配便1箱が届きました。ワゴン台を店頭に出すのも、もどかしく開封しました。『今西錦司全集』をはじめ文庫本10冊、単行本15冊などが入っていました。単行本のなかには、加藤文太郎著『単独行』、畦地梅太郎著『山の出べそ』、京都帝國大学白頭山遠征隊報告『白頭山』、ウエストン著『日本アルプス』（原書・復刻版）などがありました。

添えられたお便りには「私にとって買ったときには大切なものだったのか?。だれかの役に立てばと思っています。古い山の本はたくさんあります」「北海道の知床の冬を1か月かけた京大・伊藤さんの記録ができてきました。1950年ごろの記録です。送れるのは春と思います」とありました。「着払い」にしていただく約束だったのに、「送料支払い済み」でした。ありがたいことです。

すぐに礼状を出したのはいうまでもありません。大切にされていた蔵書の寄贈を受けたうえに、送料まで負担していただくわけにはいかず、第2便、第3便のあることを期待しつつ送料実費分をお送りしました。「商売上、採算が合うか、合わないか」など問題ではありません。吉村氏のご厚情と人との繋がりに感謝しています。

それにしても「一期一会」になるであろう神戸の古本屋との約束をかたくなに守り、小柄な体で雪道を本が詰まった重たい箱を持って、郵便局まで運んでくださった労力にいつかは報いたいと思いました。

（２０１２年２月20日）

お取り置き

朝日ジャーナル臨時増刊号『朝日ジャーナル25年の軌跡』

2010年10月20日現在、お取り置き指定の本が3人から4冊と雑誌1部があります。雑誌は朝日ジャーナル臨時増刊号『《朝日ジャーナル》25年の軌跡』です。取り置いてすでに4か月は経っています。「古書片岡」としては、もう「時効だ」と思っているのですが、番台の本立てに立てかけたまま保管してあります。

その人は男性で40代です。ご近所の人で、時おりバス通りの向こう側の歩道を歩いていかれる姿を見かけます。もう依頼したことも忘れられているのかもしれません。あるいは承知しているがバツが悪くて、こちら側の歩道を歩かれないのかもしれません。いつかその人から反応があるのを期待しているのです。

つぎの人も男性で70代と思われます。代金を支払われているのですが、「用事を済ませたら貰いに来るから」といって置いていかれました。もう1か月は過ぎています。本は野村克也著『野村ノート』と、なかにし礼著『長崎ぶらぶら節』です。お名前はうかがっているのですが、住所がわからず届けることもできません。気長に待っています。

最後の人は女性で犬の飼い主仲間です。どちらもビーグル犬で親しみを覚えています。自宅も知っています。しかしこの人は厳密には、取り置きを指示されたのではなく「ほしい本なので、お客さんの見えないところに置いといてください」と、おっしゃって帰られました。その本は『宮沢賢治詩集』『谷川俊太郎詩集』、吉野せい作品集『道』です。

3人が来られるのを楽しみにしています。

つぎは探求書を依頼されたお客さんの話です。書名は番台机に張り付けてあります。まずは70代の男性です。文庫本指定で、丹羽文雄著『親鸞（上）』、陳舜臣著『小説日清戦争（下）』と『阿片戦争（下）』などです。じつは『阿片戦争』は3冊もので、揃ったのは店頭にあるのです。「下巻だけもって帰られ、読み終えられたら返してくださったらよいですよ」といったのですが、手元に置いておきたいとのことで実現できていません。

つぎは60代の男性です。吉田晶著『卑弥呼の時代』で、15年前に出版された新書版なのですが、古代史の分野と出版社の関係で難しいのです。

つぎは50代の女性です。「暮しの手帖社」でしたでしょうか、『吉兆味ばなし』です。この本は開店時には店頭にあったのです。しかしこの手の料理本というか、食道楽の本は売れないだろうと判断し、業者間の市会に100冊、150冊と束ねたなかの1冊にして、処分してしまったのです。あれ以来、この本とはお目にかかっていません。そんなものなのでしょうね。

遠くは滋賀県からのご依頼です。西村京太郎著『十津川警部・怒りの追跡（上）』と内田康夫『棄霊島（下）』です。これも扱った記憶はあるのですが、いまはありません。すぐに入荷するのではと思ったのですが、依頼があってから3か月が経ってしまい、ご要望に応えられていません。

探求書の書名を短歌に詠み込まれての依頼者は大阪府在住の友人です。その本は中野重治著『斎藤茂吉ノート』です。

最後は70代の女性です。文庫本指定で新田次郎著『孤高の人』（上）と山崎豊子著『沈まぬ太陽』（1・2・3分冊）です。話をうかがっていると「友人に貸したら戻ってこなくなった」とおっしゃるのです。『孤高の人』は上下揃って入荷しましたが、美本ではなかったので上巻だけお譲りしました。
こういう話を聞くと、ドイツの諺にあった「本は自らの運命を辿る」を思い起こします。この諺のわたしの解釈は、「本は著者の思いとは別に解釈されていく」と「持ち主の手を離れた本は戻ってこない」です。これで正解かな。

（2010年11月1日）

読者を得られるか

世知原町郷土誌『せちばる』

多くの先輩、友人、知人、読書好き、愛書家、ご近所のみなさんのご好意により、2年間をなんとか持ちこたえることができました。それにしても「営業」という言葉に、いまだになじめないでいます。「儲ける、稼ぐ」という意識が、まったくないからでしょう。

蔵書を引き取るときに、しばらく雑談をするようにしています。その間に譲り受ける本を見定め、「これは」と思える本の有無を確認し判断します。楽しみな瞬間でもあります。

江戸時代中期に関する蔵書を処分された人は、以前にも古本屋へ手放した経験があるため、冒頭に「専門書200冊ほど」と呈示されました。収集が趣味でなく、研究のために求められてきた本だけに、全集物の不揃いだけでなく、同じ全集物でも箱あり、箱なし、2巻本の片方だけ、某団体の破棄印が押されたものもありました。店頭に並べるにしても、市会に出品するにしても、取り扱いに困難な状態でした。

そこで買い取り値を５０００円と伝えました。お客さんの「仕方がないですね」のひと言で商談成立です。「でも1万円にはなるかなと思っていた」とぼそり。気の弱いわたしは１０００円を追加し、６０００円をお渡ししました。

つぎに5巻本の揃いを持参された人です。

本は傷みがすこしありましたが、内容は確かなものでした。ただわが店で売れる、売る自信のない本でした。そこで某古本屋の名を出し「持っていかれたらいかがですか」というと「持って行ったが店が閉まっていた」「ここで処分して帰りたい」とおっしゃいました。

こんな金額でよいのかなと思いつつ「売れ残る」ことを前提に２０００円と提示し、商談は成立しました。あとで頁を繰ると書き込みや線引きがあり「まあ妥当な額だったな」と納得しました。この本は、すぐに市会に出品しました。そこで売れなければ、店頭に並べながら蔵書にしようと思っていました。すると予想外の「高額」の入札がありました。その人には「運の悪い」お客さんに、させてしまったなと思っています。

引き取り値が回収できるか否かは、１か月前後でほぼ決まります。売れない本は、いつまでも売れないのです。引き取り値を回収できないでいる「商談」もあります。すべてが経験です。「金儲け」のために始めた古本屋ではありません。余生を楽しむためです。金銭的なことにこだわっていてはいけません。

店にはいろんな人がきます。

いま楽しみにしているのは、金曜日の17時にくる高見美穂さん（小学4年）です。「おじさ～ん」と、毎週笑みを浮かべて店に飛び込んできます。他の曜日は学童保育に行っています。この子との出会いは古本屋を始めてからです。閉店の18時までいて番台机で宿題をします。閉店後は愛犬こたろうと散歩をしたり、妻が帰宅している家で時間調整をして、こたろう犬と一緒に、自宅に送り届けるのです。家の直前まで戻ったとき「家に明かりがついているか、どうか」の賭けをします。

明かりがあれば、お母さんが帰宅していることになります。そして明かりが確認できたときの満面の笑みが堪らなくよいのです。お母さんの恭子さんは最近、看護師の国家試験に合格されました。早くて19時にしか帰宅できないようです。つまり「鍵っ子」なのです。入学当初は「寂しくて、泣いていた」といいます。

わたしにも「鍵っ子」の経験があり、この母娘のお役に立つのならと引き受けました。

美穂さんが店に来なくなったとき、美穂さんが成長した証しです。

（２００９年10月20日）

【追記】

笑えない後日談があります。

この話を、娘にすると、つぎのようにいうのです。「危うい世情なのに、そんなに簡単に他人を信用して、大切な子を預けてよいのか」という論理です。「親切そうにして、いつ変な行為をするか、わからんやろ」だ、そうです。

思わず「そのお母さんだって、お父さんの人柄を判断して託しているのやろ」と返すと「かわいい女の子や男の子に、自治会の役員とか、通学時の世話をしているＰＴＡのおじさんが起こしたという事件もあるやろ」というのです。

「それって、君の父親も危ないということか」といってしまいました。「まぁ一般論やね」と娘は逃げました。なんという父と娘の会話でしょうか。

（２００９年11月20日）

本と心の整理

町田甲一著『古寺辿歴』

２０１１年2月のある日、「本の整理と処分を考えているのですが、どの分野の本も引き取ってくれますか。ゴミとして捨てるのが忍びないのです」との電話が入りました。いつものように「基本的にはどの分野の本も引き取らせていただきます。わが店で扱わない分野は、その分野を専門とされる古本屋がありますので、そちらに譲ることで活用できるかもしれません」とお答えしました。

しばらく会話が弾みました。

最後に「私はなぜ、古書片岡を知っているのでしょうね」と問われ、答えに窮しました。「わたしの店に来ていただいたことがありますか」「どちらにお住まいですか」などと問答しているうちに、「姫路方面在住、元教師、神戸大学卒」などから推察にはいりました。「わたしは友人たちと書評誌『足跡』の活動を25年間つづけています。いままでは姫路方面に5人の同人がいます。どなたからか『足跡』が届いていませんか」と問いました。わたしは、たつの市在住の岡本美津子同人や姫路市在住の木下健一同人の名が浮かんできました。結論は「『足跡』で知った」ということになりました。「本に愛着があり、心と処分する本の整理が、まだついていない」とのことで、氏名を教えていただけず確かめる術もなく、時が過ぎていきました。

5月8日の15時過ぎに「姫路方面」の人から電話が入りました。「決心がついたから本を引き取りに来てほしい」とのことでした。日程の調整で折り合いがつかず、そこで「ではきょうの閉店後、19時30分過ぎになりますが、よろしければ」となり、たつの市に近い姫路方面に向かいました。

この電話のやりとりを信頼できる常連であり、いまや『足跡』投稿者の内波健二さんが番台横で聞いておられました。地理に疎く暗くなってからの家探しに不安を感じたので、「お暇でしたら、ご一緒しませんか」と誘うと「どうせ暇ですから」と帰宅され、インターネットで住居を検索して戻ってこられました。お陰で迷うことなくたどりつきました。

本宅の横にりっぱな書斎兼書庫があり、その大きさからすれば、多くの蔵書があったことが窺えました。今回、処分されるのは教育関連書と雑誌類、奈良・京都の寺院の案内書が中心で、率直な物言いをすれば「いまや振り返られることがないであろう」本が多くありました。言い換えれば「古書片岡」で、つぎの読者が得られることのない本ばかりでした。業者の市会に出品し、その専門分野に託すことを思い描きながら箱詰めをしました。

これまでのごとく譲っていただいた本を、数日間かけて分類やら整理をしていると、処分された冊数が多いほど、持ち主だった人のお人柄や本への愛情が見えてきます。そして愛着ある蔵書を処分された人の寂しさが伝わってくるのが感じられます。

それらの蔵書から、穂積勝次郎著『姫路藩綿業経済史』『姫路藩の人物群像』、『姫路藩の藩老　河合寸翁伝』、丸木政臣・宮原誠一ほか著『資料　日本現代教育史』(全4巻)、『姫路歩兵第百三十九聯隊史』、渡辺広著『未解放部落の史的研究　紀州を中心として』。そして社寺案内書の29冊を棚に納めました。

社寺案内書では、町田甲一著『古寺辿歴』や岡部伊都子著『花の寺』、今東光著『古都の尼寺』、白洲正子著『巡礼の旅』、中村直勝著『吉野・熊野路の魅力』、上司海雲文・杉本健吉絵・佐保山尭海カメラ『東の大寺』が、読者が得られるのでは、と期待しました。

だが5か月を過ぎてもだめでした。

この人は「活かしていただけるのなら代金は要りません。遠路、高速料金やガソリンや労力を使って来ていただいので」といってくださいました。わたしは遠慮なく、お言葉に甘えました。ありがたいことです。

（2011年2月26日）

古本屋志望

辺見じゅん著『新・北越雪譜』

冬のように寒い4月13日と14日に、40歳代と30歳代の3人がそれぞれに「古本屋開業」について相談に来られました。本好きは一度は「古本屋をしたい」と思うのでしょう。本好きに共通する雰囲気を、お互いに漂わせながら話をうかがいました。

わずか1年間の経験ですが「家族を養うという義務があるなら」、無謀であることを実例をあげて話しました。つぎは「家賃不要の店舗が確保できるか」「インターネット取引や目録販売も重要」であることも伝えました。

この3人の想いを紹介してみます。

まずは某鉄道会社の乗務員（35歳位）。

若いころ新刊書店勤めだったとの由。希望は「店舗を持ちたい」とのことでした。

わたしは「定年まで我慢するか、若さにまかせて思い切って始めるかです。でも生活費を稼ぐのはむつかしいですよ」。「休日に遊びに来られ、この番台に座ることで我慢できるのなら協力しますよ」と伝えました。すると「また寄らせてください」と帰られました。

つぎは某新聞販売所勤務の管理者（48歳）。

「板挟みが辛くて」と話し始められ、「2軒の家に約4万冊の蔵書がある。本棚にきちんと整理していたが、あの阪神・淡路大震災で転倒してメチャクチャになった。今は段ボール箱に詰め積上げたまま、どこに何があるかわからなくなっている」とのことでした。いますぐではなく「息子が8年後に大学を卒業してから」という冷静さもお持ちでした。

わたしは「ならば、そのときは56歳。あと4年辛抱して定年まで勤められたら」といいました。「古書片岡」の経営状況―毎月20日前後に店舗の家賃分の売上があるか否か、つぎに25日前後に電話・光熱・組合費の経費額を含めた売上げがあるか否か―の現状。2月は約1万6000円、3月は6000円の赤字だったことも率直に話しました。そして「勤めながら、ネット販売をし、古本屋の真似事をされたらどうですか。蔵書を売るのに古物商の認可は要りませんから」との助言をしました。またのご来店が楽しみです。

最後は40代の美容室経営者。

「ここに古本屋があるのを初めて知った。いつからですか」と入ってこられました。最近まであった西寄りの「藤本書屋」とその店主・光延さんとの交遊を話し始められました。「藤本さんの晩年に店に足しげく通い、古本屋のノウハウを聞いていた」「藤本さんは、愛想がなかったけれど、親切だった」との思い出話でした。

わたしも引き込まれて、藤本さんとの思い出話をしました。それは再就職先を探しつつ新刊書店でパート勤めをしていたとき「古本屋をしたいと思っている」と藤本さんにいうと「じゃ、業者の市会を見てみるか。黙って側にいるように」といって、兵庫県古書籍協同組合の会館で開催される市会に連れて行ってくださいました。あれから約25年。わたしはいまその組合の一員になっています。

藤本さんには3人のご子息がいます。

この人は信頼しうると判断し、「ご子息のおひとりが、パン屋をしています。帰りに寄ってあげてくださいよ」と伝えました。「片岡さんの名を出してもよいのですか。かならず寄ります。また来ます」とのことでした。

このように「好きな本と過ごしたい」との思いで、古本屋開業を「夢見る」人の話を聞いていると、30代後半に無謀にも自己退職し、つぎの職を得られなくて、悶々としていたまだ若き、わたしが目の前にいるようでした。

（2011年5月25日）

新しい出会い

早川鉦二・トモエ共著『市政と向きあう』

「古書片岡」の定休日は、木曜・土曜・祝日・年末年始の7日間・夏季の3日間です。

開店しても木曜から土曜日は士気があがりません。細切れ感があるからです。1週間は日曜からの4日間という感覚に陥ります。

「古本屋の店主です」という高揚感をおぼえるのは快晴に恵まれた開店時です。きょうは常連さんはどなたで、新規さんはどなたが見えるかなと思い、もうひとつは本を持って来てくださる人や「引き取りに来て」との声がかかることがあるかな、という期待です。ある日、友人と歓談中に本が持ちこまれました。そのときのわたしの表情を見て、友人が「片岡さんは売れたときより、引き取るときの方が、うれしそうですね」といわれました。

そうなんです。ご持参の箱や紙袋から本を取り出すときの期待感がたまらないのです。どのような本と出会えるかが楽しみです。読みたいと思っていた本、探求依頼のある本、売れ筋の本、新刊では買えないと思う豪華な本、手持ちの全集物の欠巻を埋めてくれる本、本棚を豊富に充実させてくれる本などです。

先輩の同業者が来られることがあります。雑談で「開店まもないのに品揃えが充実していますね」といわれると、お世辞半分としてもうれしいのです。そして転売できそうな安値の本は「背取り」されていきます。この品揃えの充実が「来客、売り上げゼロ日」でも、豊かなこころにさせてくれているのです。

「売り上げゼロの日」は、営業帳を見ると２０１０年には25日ありました。年間の営業日が２３０日前後ですから、11％になります。これらの日の天候は雨天が13日。「快晴なれどゼロ」が５日ありました。売り上げゼロの日は「来客もゼロ」とはかぎりません。来客があっても、買ってもらえないことがあるからです。

なかには店頭に出しているワゴン台を「見る人多し、だが売り上げゼロ」との記録されている日もありました。わざわざ「来客ゼロ、売り上げゼロ」と書いてある日も３日ありました。営業帳も振り返ってみるとおもしろいものです。いずれにせよ、このような日はのんびり過ごせる日であり、店舗が「有料の書斎」となる日です。

それでは具体的に書いてみましょう。

3月7日（月）です。神戸では朝から雨、東京では雪でした。開店する13時には雨があがり、曇り空から日も射しはじめていました。そこで、ためらいながらワゴン台を店頭に出しました。

しばらくすると、多治見市在住の早川鉦二さんから電話があり、「『足跡』99号届いたよ。本と人とのいい出会いがあるんだね」といってくださいました。話は、2月18日にご恵贈いただいた早川鉦二・トモエ夫妻の共著『市政と向きあう』におよび、著書が『中日新聞』（3月4日付）に紹介されたことを知りました。そこでその記事「市民目線で行政チェック」をFAXで送っていただきました。

再度の電話で、記事の内容や市政の問題点をうかがっていました。14時40分ごろ話が終わり、歩道に目をやると雨が降っていました。慌ててワゴン台を入れ、濡れた本を拭き終えると快晴に近い天気に変わっていました。安心していると、にわかに曇り17時10分にまた降りだしました。こういう天候の日が年に何回かあるのですが、困るのです。きょうなどは営業帳に「曇りのち晴れのち雨のち快晴のち雨」と記録し「来客4人、売り上げ

８００円」と書き残さなければいけません。
そんなうっとうしい天候の日でしたが、早川さんの声をひさしぶりに聞け、早川さんの愛知県立明和高等学校の先輩にあたる近所にお住まいの顧客の話もできました。２日後には早川さんから「明和高校の先輩へ」といって、著書が送られてきました。慌ただしくも楽しい一日でした。

（２０１１年４月１日）

「古書片岡」で朗読会

マルクス・エンゲルス共著『共産党宣言』

２０１１年の元旦にマルクス・エンゲルス共著『共産党宣言』を久しぶりに再読しました。理由はふたつあります。

ひとつは、10年11月に入口の硝子戸に貼った朝日新聞の記事「今、再びマルクスに光」を見て入って来られた、アメリカで学ばれているという30代後半とおぼしき男性との出会いです。ご両親は神戸市在住だそうです。

年末に再び来店され、マルクスやエンゲルスの著『経済学批判』『イギリスにおける労働者階級の状態』『賃労働と資本』『家族・私有財産および国家の起源』『資本論』の、あの箇所この箇所について語り合いました。

最後に「この雰囲気のある古書店で『共産党宣言』の朗読会をやらせてもらいたい」と切り出されました。「神戸大学の学生を連れてくる」「朗読会をビデオで撮影して残したい」「片岡さんにもお気に入りの一節を朗読してもらいたい。どこがよいですか」と熱心です。また「訳本ならどなたのがよいと思われますか」と問われました。そこで「大内兵衛・向坂逸郎訳がよい」と答えました。すると「やはり向坂訳がよいですね」といわれたので、うれしくなりました。

「お気に入りの一節」は、久しく『共産党宣言』を読んでいないので即答できませんでした。朗読については「経験がなく自信はないが、会場に使ってもらったり、ビデオ撮影をされるのはかまわない」と承諾しました。

こんなことがあり本棚に眠っていた『共産党宣言』を元旦に読んだというわけです。読んでみると、20代に多くの仲間と学習会を持ち、輪読をして要約や歴史的背景や日本における今日的課題を発表して、侃々諤々していたことが蘇ってきました。

この『共産党宣言』の朗読会については、11年の1月30日に再度来られ、「雑用に追われ準備ができなかった。夏に再度来日するので、その時にまた連絡いたします」とのことで、現時点では実現していません。

実現していたら第1章ブルジョアとプロレタリアの一節「ときどき労働者が勝つことが

あるが」の節を、わたしは朗読するつもりでした。1848年に資本主義社会に内在する法則、その社会を崩壊に導く労働者階級の闘い、前衛党の使命を宣言した『共産党宣言』が、163年の時を経て「古書片岡」で朗読されようとしたことがうれしかったです。

もうひとつは「古書片岡」の開業時から、月に2回ほど来店されるグラフィックデザイナーの上杉忠生さん（48歳）とのご縁です。おもに生活や求人やスクールの情報誌、それにポスターやパンフレットを手掛けられています。

その上杉さんがある日「『資本論』を岩波文庫で読み始めているが、まだ第1分冊でなかなか進まない」とにこやかに話されました。わたしも青春時代に挑戦した経験があるので『資本論』を読もうとする人が身近にいることがうれしくて、ご来店のたびに「どこまで進みましたか」と聞いてしまいます。

以来『資本論』の話が多くなり、「難解です。聞きなれない用語にとまどい立ち止まっています」と話されますので、「マルクス著『賃労働と資本』や『賃金・価格・利潤』も平行して読まれるのもよいかも知れません」と話したりしました。それに『資本論』発刊100年記念で出版された向坂逸郎著『資本論入門』（岩波新書）を読まれることを勧めました。すると4月22日に来られ「『資本論入門』買いましたよ。これから読みます」と鞄から出されました。

わたしはこの人は「本気だ」とうれしくなりました。そして失礼にも、線引きのたくさん入った小島恒久著『経済学入門』（労大新書）を貰っていただきました。

こんな広がりを「古書片岡」は見せはじめています。おふたりの動向が楽しみです。

（２０１１年４月20日）

番台からの風景

平井京之介著『村から工場へ』

四季を問わず、13時の開店から15時までの約2時間は、ほぼ来客がありません。この来客なし状態が16時30分までつづくと、きょうは売り上げ「ゼロ日」になりそうだという不安が募ります。風雨の強い日、暑さの厳しい日なども外出を控えられるのでしょう。２０１１年でいえば7月と8月は、各３日もゼロ日になりました。

来客がなく、手紙を書く相手も見つからず、ワープロと戯れることもなく、約５５００冊ある本棚から選んで読書する気にもならないときは、ぼぉ〜と番台から景色や人の動きや車を眺めることになります。

景色でいえば、番台の真向こうの街路樹に常緑高木の樹が１本植わっています。開店当初から、この樹名を知りたいと思っていました。幾人かに尋ねましたが「聞いたことがあるが忘れた」「植樹した神戸市土木局に聞いてみたら」との返事が返ってきます。

そこで、いつも六甲山系の諏訪山を散策されている町内の高齢者に尋ねました。すると「クロガネモチですよ」「こちらはコブシ」と即答です。その後、引き取った『樹の木』に「木の皮は染料になり、メス木には実が赤熟する」とありました。この樹が目を和ませてくれます。

人の動きでは歩道の行き来が楽しいです。五宮・梅元・神田・矢部・楠谷町の住民が多いのは当然です。名は知らなくても、見覚えある人たちがほとんどです。定期便の道行く人は、同時刻に三宮から戻ってくる人。隣町に住む娘さんの家に行くと推察できる老婆。毎日タクシーを16時に拾う女性などです。

天気のよい日などはリュックサックを背負って六甲山系の山から下ってきて「こんなところに古本屋がある」と寄ってくださる人。街歩きの団体ツアーで、みんなに遅れるのを気にしながら眺める人。店頭で見ながらバスが来たら慌てて走り去る人。店先で「これ読んだわ」との会話をして立ち去る人。わが店を見向こうともせず素通りする人など、見ていると楽しいです。愛犬こたろうの犬仲間も立ち寄ります。もちろん飼い主と一緒です。

本を求めにではなく、ご自身の近況を伝えに来られる人もいます。高齢者ばかりではありません。1日5時間だけ共同作業所で働く若い女性は、その日の作業や仲間との会話を楽しそうに語られます。また左半身にマヒが残り、リハビリと散歩を兼ねて来られ雑談される人もいます。

ですから、高齢の常連客やいつもの時間帯に見かける人が、2、3日見ないと何かあったのかなと心配になります。なにせ高齢者の多い町だからです。

走行する車もいろいろです。定期的には神戸市営バスです。五宮町停留所がすぐ近くにあり、5分か6分間隔で発着します。三宮駅と神戸駅発のバスは約15分で五宮町バス停にきます。ちょうど中間点なので、双方のバスが店の前や近くですれ違います。開店時間帯は、ほぼ4、5人が乗り降りします。

信号が店のすぐ近くにあるので、赤信号で停まるとバスや車の運転席が番台の真正面になります。その運転手や乗客と、時おり視線が合います。車中の人は漠然と見ているだけなのかもしれませんが、見つめ合っている錯覚に陥るときがあります。わたしはその人に手を振りたくなります。

さすがに、64歳という歳を考えると恥ずかしく、でも「通勤時に前を通るので知った」「バスの車中から見て知った」とか言って、後日わざわざ来てくださったという話を聞くと、手を振ってもよいかと思ったりします。

暇にまかせ、夕暮れどきに停まったバスの窓を見ると、テントに書いた店名「古書片岡」や電話番号が投影しています。それを見て古本屋の店主であることを実感します。

余談ですが、店先での本、読書に関する会話をひとつ紹介します。

10月26日15時20分に現れた、30代後半とおぼしき男女ふたりの店先での会話が聞こえてきます。

男「吉村昭の作品がたくさんある。最近亡くなった人だけど、作品というより記録文学だね。東京大空襲なんかの作品もあって。僕は1冊も読んでないけどね」
女「ああ、そうなの」
男「宮本輝の作品が揃っているね。一時期よく読んだけれど、最近の作品は読んでいない。よくがんばって書いているね」
女「この作品、映画化されたよね」
男「ここは東野圭吾の作品ばかりだね」
女「今はやりだもの。この作品、最近映画化されたよね。黒木メイサが主役だった」

男「作品の人物像と俳優がマッチしていないよね」
女「寺山修司の本がある。２００円だって、買おうかな」
男「汚れているよ。もっときれいなのが他の店にあるよ。きっと」
などなど、こんなやりとりをしたあと、ふたりは店内に入ってきました。
男「小野アンナの本がある。離婚して晩年はソ連に帰ったはずだ。東京の僕の家の近くに小野の家があったよ」
女「それ誰なの」
男「バイオリニストの諏訪根自子などを指導したバイオリニストだよ」
女「ふぅ～ん」

ふたりは番台に座る店主の存在など眼中になく、何冊かの本を手にして会話を重ねていました。女性が買おうという素振りを見せると、男性が「その本、僕が持っている」「家にあるはず」「誰それが持っていた」といい、そこで女性の動きがとまります。

そして、１冊も買うことなく出て行きました。微笑ましくも複雑な気持ちでした。

（２０１１年7月20日）

千客万来

上田栄子著『試している大地』

ご来店くださる人にも、いろいろな人がいます。本を買ってくださる人ばかりではありません。

寒い夕暮れどきのこと。歩行のおぼつかない女性が電話番号を書いたメモをもって入ってこられました。用件は「電話でこの人を呼んでほしい。お父さん（夫のこと）が帰ってこない」というのです。「電話先のこの人は誰ですか」と、聞いても要領がえません。

電話で呼び出されたのは、近くに住む娘さん。耳に飛びこんでくる会話を聞いていると、「お父さん」とやらは入院中で「きょう見舞いに行ったところやないの。帰ってこないのはあたりまえでしょ」と、娘さんが母親に言っておられました。こうしてふたりは連れだって帰宅され無事解決しました。

翌日、娘さんが「電話代がわりに」と蜜柑をもってこられ、高い電話料となりました。

つぎも年配の女性です。

久しく姿を見なかった女性です。声がほとんど出ておらず「どうされたのですか」とうかがうと、「医師に診てもらったが悪いところはなく、夫の介護疲れと息子の食事づくりによる過労らしい」「夫が家にいるときは目を離せない」「医師がいうには精神的なもので気分転換が必要とのこと」「いま夫はデイケアに出かけていて、その合間に来た」と、おっしゃるのです。

そこで、わたしは「じゃあ、これからは気分転換に来て、お茶でも飲み雑談して帰られたら、どうですか」と言ってしまいました。その女性が帰られてから「本の引き取りのあとの整理で、ごった返しているとき」や「大切な来客があるとき」に、来られたらなどと考えてしまいました。

わたしは「ほんとうに調子のよい人間やな」と思ってしまいました。あれから3か月になりますが、まだお見えになっていません。

88歳になられる「古書片岡」の応援団長も久しく見えられませんでした。ご夫人と一緒にお住まいと聞いていたので、さほど心配はしていなかったのですが、ご近所の犬仲間の人にうかがうと「大腸癌の手術をされ入院中」とのことでしたので、やはり気になりました。そのうちにひょっこりと見えられ、無事の生還を喜びあいました。そのとき「この本借りていたので返す」と持ってこられました。その後、また3か月間ほどお見えではありません。どうされているのでしょうか。

さらに同じ町内に住む、ひとり暮らしの79歳の男性です。隣の五宮薬局に来られたので「どうされましたか」とうかがうと、「資源ごみに出そうと古い百科事典を整理しているとひっくりかえった。痛いので湿布薬を買いに来た」との由。そこで閉店後に、お宅に立ち寄り「荒ごみ」と「資源ごみ」を分け、指定日に持ち出してあげることを、約束をして帰りました。

その日がきたので訪ねると不在です。入院されたのか、まさか家の中で倒れられているのではないかと心配しました。近所のひとり暮らしの人に経過を話すと「他人ごとではない気をつけておきます」とのことでした。わたしもひとり暮らしをさせている父のことと重なり他人ごととは思えませんでした。また町内の保護司にも相談しましたが、「相談はなく、聞いていない」とのことでした。

その日から約2か月後、家に明かりが灯っていたので訪ねると「肋骨6本と鎖骨にひびがはいっているのが判明したので」入院していたとの由。翌日が資源ごみの日だったので、「処分しましょうか」というと「百科事典は亡父の形見なので、もうすこし置いておく」とのことで、大量に溜まった新聞紙だけ持ち出してあげました。
わたしの親切ぶりを書いているのではありません。「古書片岡」の周辺雑記です。

（２０１１年12月10日）

あわや歴史的発見

吉村昭著『戦艦武蔵ノート』

秋は読書の季節ですが、蔵書を処分する季節でもあるようです。2011年の秋には、蔵書を処分される人が頻繁にありました。

持ち込まれるのは本だけではありません。

「亡父の遺品整理で出てきました」と年配のご子息が持参されたのは1943年3月の『ビルマ新聞』の2日分と、30年代と40年代発行の満州や中国や東京市街の地図類でした。「ご入用でなければ捨てます」と、おっしゃるのでいただきました。

また12月10日6日には、英国船舶検査協会発行の原書をいただきました。ページを繰っていて、挟み込まれた紙片を発見し驚きました。昭和12年10月16日付の三菱重工業株式会社の海軍艦政本部宛「戦艦武蔵」の見積書作成前の下書きでした。実在した常務取締役の名があり、見積額・納期・造船所名もあり、吉村昭著『戦艦武蔵』を読み返し確かめました。

請負金額、納期などが微妙に違います。この微妙な違いが「下書き」であることの信憑性を高めているように思えました。来店されていた内波健二さんと一緒に色めき立ちました。早速、神戸新聞社に連絡を取り「真偽の確認をしてほしい」と記者に頼みました。もし本物なら「8日の日米開戦70周年の記事にしたい」と、記者も興奮気味でした。

さて結論ですが「本物の見積書はタイプ打ち」なので「この件は採用しない」とのことでした。手書きで三菱重工業株式会社の社印もないものが本物でないことぐらいわかっていました。そうではなくて「見積書作成前の内部資料、見積の下調べ書きではないのか」ということでしたのに、説明不足を悔やみました。

話はもどります。

来られる人の多くは団塊世代以上ですから重かっただろうと恐縮します。なのに「使えるようなら使ってください」「だめなら処分してね」と言い添えられます。わたしの方は商売ですので「ささやかですが、お支払いをしたい」といいます。でも多くの人が「そんなのはいいのよ。捨てるつもりだったのだから」と固辞されます。

もちろんそんな人ばかりではありません。

文庫本105冊を2往復して持ってこられた人に、買い取り値を伝えると「こんなに労力を使って持ってきたのに少ない」「もうすこし上乗せをして」と粘られました。1000円、1500円、2000円の攻防です。

新刊書店なら売れ残れば返品ができますが、古本屋はそれができず、店で売れそうな本にしか値をつけられないことを伝えます。それでも番台の前を動きません。気の弱いわたしは根負けしました。でも本を点検してみると、当年発行の文庫本も多く、それが救いでした。

それにしてもご持参の本、すべてが棚に並べられるとはかぎりません。汚れていたり、破れていたり、カバーがなかったり、水分を含んで紙が反っていたりしていて、資源ごみに直行する冊数も少なくありません。

持ち込まれた本が、どう扱われてきたかも関心のあるところで、持ち主の本や読書に対する癖が見えてきます。「無くて七癖」は、本に対してもいえるようです。

ちょっぴり期待もしますが、紙幣や切手や宝くじや有価証券が挟まれていたことはこれまでありません。余談ですが、代金を渡して引き取った本に有価証券が挟まっていたら、その所有権は誰にあるのでしょうか。先輩の古書店主から教えられたのは「法律上、買い取った古本屋のもの」だそうです。ならば無償でいただいた場合はどうなのでしょうか。

これまではそんな心配をする必要はありませんでした。手紙、未使用の絵葉書、ドイツ鉄道の切符、映画館・美術館の使用済切符、メモ用紙、請求書や領収書、変わったものでは京都刑務所の図書館閲覧票がありました。この閲覧票は記念に取ってあります。

（２０１１年10月20日）

わが店の常連さん

花崎皐平著『静かな大地』

『古書片岡』は、２０１２年5月1日で開店3年になります。昨年の11月ごろから客層に厚みが増してきたように感じています。古本屋めぐりに、生きがいを感じているであろう人が、訪ねてくれるようになりました。

それらの人は探求書の一覧表を持っていたり、電子手帳に登録してあるのか、それらと棚の本とを見比べているのです。愛書家に認知されてきている気がしています。

そんなお客さんをおふたり紹介します。

ひとりは大阪の郵便局と神戸の市役所で勤めを終えたという人です。「龍野に関連する歴史書などを探している。まだ入ってこないか」と、来店のたびに熱心です。

もうひとりは音楽の専門書を求めに来られています。「作曲の勉強と活動をしている。つぎは小遣いができる○○日ごろに来ます」と予告して帰られます。

定期便の人もいます。

月曜日の17時直前に見えるのは元大学教授です。近くにアラブ首長国連邦から来日されている人がいて、その人にアラビア語を学ばれています。「この歳で新しく語学を習得するのはむつかしい」と、いいつつ熱心です。この人は、明石市に田を持ち休耕時にはコスモスを植え、盛りの頃は保育所や幼稚園に開放し「園児たちは大喜び」との新聞記事を見ました。

第2・第4の火曜日の開店直後に見えるのは、店の近くにある平野会館でのカラオケ教室に参加されている70代の女性です。

故郷はご夫妻とも福島県だそうです。東日本大震災では、実姉が津波にさらわれ長期間、安否不明とのことでしたが、昨年の「夏にはお葬式を出すことができた」とうかがいました。

水曜日の13時から15時前後に見えるのは、タクシー運転手で70代の男性です。「あすは休みやからね」と乗務の都合で来られます。病院や駅での客待ちが長く、この時間に読まれるそうです。前回購入の本を「もう読んだ」と持ってきてくださいます。わたしにも幼いころ記憶にある貸本屋の気分になります。

国鉄特代は「国労組合員だった」とお聞きし、わたしは労働者運動の専従職に35年間もいたので、親しみを感じています。

タクシー運転手はもうおふたりいます。50代の女性と40代の男性です。男性の方はギター教室の「先生が本業」だそうです。教室のない日にタクシーに乗務しているとのことです。

金曜日には「この人」という人がいません。11年の金曜日は45回ありましたが、来客ゼロの日が2回、5人までが27回もあったと記録されて、金曜日はとくに低調なようです。だから思い浮かばないのかもしれません。

曜日は定まりませんが、勤務のない日や買い物帰りに来られる50代の女性がいます。通勤時のバス待ちにも熱心に読書され、月に20冊ほどの文庫本を求められます。この人にひそかに注目しています。それはわたしの蔵書だった本を求められることが多いからです。つまり作品の好みが近いということです。

愛犬こたろうとの散歩中にもお会いします。いつ会うかわからないのに、大好物の干し肉をバックに忍ばせてくれていて、こたろう犬は大喜びです。もちろんお座り・お手・待てをして、尻尾を振って見せます。

特異な人では、11年の11月、12月の2か月間、毎日のように来られた人です。10月に体調を崩され、「週1回の通院と自宅療養が必要」との診断で休職されています。

わたしは「散策と気分転換に、1日1時間とか2時間とか決めて『古書片岡』に来られてはどうですか」と勧めました。この間に店の留守番を頼んで、本の引き取りに出かけたこともありました。職場復帰は「6月になりそうだ」とのことです。

さて逆に、お客さんからは「古書片岡」店主はどのように見られているのでしょうか。

古本屋の商いは「販売」だけでなく「買い取る」「引き取る」ことも重要な営みです。

そこで今年にはいってからの「買い取り」について書いてみます。

これまで1年に1件か、2件だった1000冊前後の買い取りが、4月15日現在で4件、100冊前後も1件ありました。それも分野が違っていて楽しませてもらいました。

1件目は2年前に「亡くなった夫の本を処分したいが大量で運べない」という、80代とおぼしき女性から声がかかりました。そのお宅には4度訪問しました。

1度目は「息子と相談してから」、2度目は「退院してすぐなので後日に」、3度目は「まだ整理ができていないので」と先延ばしになっていました。4度目が1月30日で「まだ手つかずのまま」というのを「整理はお任せください」と決断してもらいました。

玄関に入ると、亡夫が描かれたという水彩画が3点掛けられてありました。青を基調に清楚なタッチの神戸港や近景の風景画でした。2階の約12帖の書斎兼寝室に本がありました。

絵は「70代から独学で描き始めた」そうで、蔵書は写真集、美術書、図録、絵画技術論が多く、特徴は画集や図録の隅が惜しげもなく折られていることでした。好きな画家はフェルメール、ルノアールのようでした。

2件目は、『足跡』同人の木下健一さんの文学仲間です。木下さんとのご縁で引き取りとなり、3月9日にうかがいました。

その人は地域活動にも熱心にご活躍中とのことでした。蔵書は、戦国時代に姫路で活躍した黒田官兵衛や、日露戦争を題材に司馬遼太郎の『坂の上の雲』の関連書を軸に、播磨地方に関する研究書。それに多彩な趣味を反映し鉄道、旅行、写真集の書がありました。

勉強家で線引き、書き込み、付箋つきです。文庫本に38枚もの付箋があるのもありました。さらにほぼすべての本に蔵書印があり、古本屋としては辛いものがありました。

木下さんも箱詰めを手伝ってくださり、昼食は同じく同人仲間の笠波時子さんとする予定でしたが、時間が超過し、雨も本降りで実現しませんでした。

3件目は三木市から神戸市に転居してきた人でした。「持ってくれれば引き取ってくれますか」「置いてきた本の処分に困っています」と同世代の女性が来店されました。「多数部なら引き取りに行きます。段ボール箱25箱は積めます」と伝えました。車内で待機されていた夫君は「もっとあるよ」とのやり取りをして、3月17日に元のお宅に行きました。

約12畳の書庫の書架に2列収納してありました。なかには明治、大正や昭和初期に発刊されたもの、英語・仏語の原書もありました。ただ埃と微かな湿気で変色したり、傷みが激しかったりで半分は資源ごみに直行しました。それに蔵書印がすべてにあり、中表紙に念入りにも読了日がペンで書かれてありました。でも第2弾もあるとのことで楽しみです。

4件目は、「古本屋の四季」に、再三ご登場いただいている岩井孝之さんです。岩井さんは、昨秋から体調を崩されていました。その間、ご子息付き添って来店くださったり、わたしがご自宅におうかがいしたりして本や俳諧にまつわる蘊蓄を拝聴していました。

3月27日に「蔵書の整理をするから」と連絡をいただき、4月3日に譲り受けに行きました。蔵が書庫になっています。2年5か月ぶりに書庫に入りました。

日本近世文学、俳句、短歌、詩歌、民謡、能、歌舞伎の専門書、とくに芭蕉や蕪村や漢詩も多く、芭蕉の『奥の細道』を辿る旅、風物、鉄道の案内書や写真集。それに『時代考証事典』『文化財用語辞典』『古川柳風俗事典』など貴重な辞典類を引き取りました。

4人から譲り受けた本は、すぐには売れないものが多いのですが、「古書片岡」の格をあげるには十分です。これらの本にどんな出会いがあるのでしょうか。楽しみです。

（2012年4月28日）

4度目の夏

村井純考・三浦淳著『紀伊半島　大峰山奥駈道』

古本屋の番台にいると、いろんな人の人生が透けて見えることがあります。

6月下旬に初来店の女性がお買い上げくださいました。「初めてのご来店ですね」と語りかけると、会話がつながりました。

女性いわく、35歳の時に埼玉県から家族全員でフランスに渡り30年。3年前に帰国するも住み慣れない神戸市中央区に定住。帰国の決断はお嬢さんの大学進学にあり、フランスでか、日本でかで悩んだ末、日本と決定。早稲田大学に在学中との由。夫君の画家は帰国後、癌を発症し遠出ができない状態。この女性つまり夫人は看病疲れで軽いうつの一歩手前状態に陥っているという。その精神状態の解放のため昼間は出かけている。そこで「古書片岡」を見つけたとのことでした。

ここまで一気に語られました。

もちろん初対面のわたしにすべてが語られているとは思いませんが、この女性の人生をかいま見る思いをしました。わたしの歳を知ると「弟ですね。お顔に艶がある」というので、帽子を脱ぎ薄くなった頭頂部を見せると「年相応だ」といって笑われました。そして「夫が癌だとわかってから初めて声を出して笑いました」と話されました。

「中央区、兵庫区にも訪ねるに値する所がありますから、歩いてください」と、兵庫区北部の『史跡めぐり』の地図を差しあげ「ご縁があれば再会を」といって別れました。ただそれだけのことですが、爽やかな一日になりました。

開店当初からのお客さんで心配なこともあります。

「古書片岡」の近くにお宅があり、毎日顔を合わせていた男性がいます。小柄で細身、頭脳明晰で口数少ない高齢者です。

年齢は80代前半かと推察していました。買い物、病院、喫茶店などの行き帰りに、お互い気づくと手を挙げ合ったり、店頭で短い雑談もしました。いつも夫人とおぼしき女性と一緒でした。そのおふたりが、6月初旬には女性が、中旬からは両人の姿が見えなくなりました。

病気でもされたのかと思っていると、喫茶店を営む女性から電話がかかってきました。「お客さんで家財の整理、処分をしたいという人がいて、本は片岡さんを紹介した」とのことでした。

すぐに訪問すると家の主はいません。親族の女性がすでに整理を始めていました。手つかずの箇所や本棚の状態を見ると、主は几帳面な人であることがわかりました。さらに目を転じると、見覚えのあるジャンパーがありました。しばらく姿を見ない男性の物でした。

家には世帯を持っている痕跡がありません。いつも寄り添っていた女性はどんな立場の人だったのか、そんなことを考えつつ、それとなく家の主のことをうかがうと「重病で入院中。帰宅はもうかなわないだろう」とのことでした。机の上に置かれたままの診察券を見て、初めて男性の名前と年齢を知りました。驚いたことに91歳でした。

男性は旅行業界にいた人だということも分かりました。旅行者を楽しませたのであろう『とんちクイズ』『観光バス笑談読本』『列島縦断へんな駅!?』などの類似本。全国各地の民謡や民話の本、花言葉や誕生花の本。『市町村名語源辞典』『古寺名刹辞典』『神話伝説辞典』『難読地名辞典』『全国温泉辞典』『方言小辞典』などもありました。

本の持ち出しのかたわらに棚の上の重い物を降ろしたり、処分品の分類を手伝ったり、ごみ捨場への運び出しをしたりしました。

話題を変えます。

5月、6月も本の引き取りがつづきました。

まずは福岡県柳川市在住で医療ソーシャルワーカー歴10年。社会福祉学博士の田中智子さんから、水俣病、ハンセン病などの理論書や社会福祉学、介護福祉の専門書が届きました。いつの日か、このご好意に応えなければいけないと思っています。田中さんは三井三池三川鉱の炭塵爆発事故の被害者の後遺症や水俣病患者についての研究をされ、「三池高次脳連絡会議」の一員でもあります。

滋賀県彦根市在住で三池炭鉱労働組合員を両親にもつ前川俊行さんを通じてのご縁です。田中さんは6月2日に佛教大学四条センター内の教室で「三池COの教訓」と題して講演をされました。

その講演録は前川さんが発行・編集の『異風者からの通信』で3回連載されます。

つぎは妻の同僚だった人の父上と、姉上の蔵書を譲りうけました。亡父は理論家だったようで農耕の理論書や研究書が多くありました。晩年は京都散策を楽しまれていました。禅や書道にも関心を持たれていたようで、臨済宗系の雑誌『禅文化』や冷泉家や京都御所の至宝、社寺の宝物の図録類がありました。作家・吉村昭の署名と落款のある『落日の宴』もありました。向坂逸郎先生に関して吉村氏から１９９４年にハガキをいただいたことがありますが、署名は初めて見ました。

教育者として勤めを終えられた姉上の蔵書は、詩歌や作文に関連する本を中心に『萩原朔太郎全集』『高見順日記』『野上彌生子全集』。それにユング心理学に通じる河合隼雄氏の著書などがたくさんありました。高見と野上の全集が不揃いだったのが残念でした。

おもしろい経験では５月に、５人乗りで後部が荷台になっている某部署の公用車が大量の文庫本と漫画本を積んできました。

部署名入りの制服を着た人が代表で店に入ってこられ「職員が買い求め、回し読みしてきた本を休憩室から処分することになりました。引き取ってくれますか」とのことでした。見ると汚れも傷みもなく、続き物も揃っていました。「処分にお困りならお手伝いしましょう。背表紙が見えるように降ろしてください」と伝えました。職員６人が４往復もし、隣の空店舗前に降ろされました。冷たい清涼飲料水を飲んでもらおうと手渡すと「報酬はこれだけで十分です」と帰られました。分類・整理するのに3日かかりました。

それらの冊数は文庫本が約250冊、漫画本が約450冊です。「古書片岡」は漫画本を店頭に置かない方針ですので、約700冊は分類し巻数順に束ね、200冊、300冊を1点として、業者間の市会に出品しました。市会では店主が顧客層を考え、「売れる」と判断すれば値をつけて入札してくれます。

つぎは住む人がいなくなった明石市の実家に置かれたままの蔵書を処分される50代の夫妻です。本の所有者だった人は、故人で晩年は明石市にお住まいの戦争経験者でした。戦時中は満州鉄道の乗務員とのことでした。満鉄および国鉄の内部資料がたくさんありました。満鉄や東海道・山陽本線の列車ダイヤの現物、極秘の印が押された朝鮮半島の列車ダイヤのコピーもありました。ドイツ鉄道や『華北の交通史』『朝鮮交通史』といった貴重な本が含まれていました。それらは初めて見る本で、古本屋をしていなければ生涯目にしたり、手にすることがない書籍類です。感慨深く思いました。

さらに神戸市内の実家にある蔵書の処分でご縁をいただいたのは、亡き父上とご本人の蔵書類でした。興味は、本よりも父上が戦前・戦後に旅行された地の絵葉書や、三宮周辺の喫茶店やレストランやバーのマッチ箱類が多く珍しかったです。

代金の支払いをする時「今回、手放しかねた本が同じほどあります。私が死んだらあなたに託します」とおっしゃるのです。独り身なのに「死後、どうして連絡されるのか」と思っていると、「近くに甥、姪がいますので伝えておきます」とのことでした。

これらの大量の本のなかから、「売れる、売れない」の基準ではなく、わたし好みの本を本棚に並べ、1年近く売れずに居座りつづけている本に退場してもらいました。

（2012年7月18日）

店先での会話

徳永進著『心のくすり箱』

ある日のお客さんとの会話です。

若い女性が「この本ください」と文庫本1冊を差し出されました。わたしは「200円になります。よろしいですか」といいました。この物言いは口癖で、500円でも2000円でも同じです。

だが女性は満面の笑みをたたえ「だめですといったら、どうなりますか」と言い返されました。わたしは一瞬とまどいました。そして女性の顔をまじまじと見てしまいました。

つまり客は問われたと思い、「安い方がよい」に決まっているので、そんなとき店主は「どうするのですか」と茶目っ気たっぷりにいいたかったようです。でもこんなやりとりは初めてでした。でも楽しい会話となりました。

この女性に対して、どう対応したか。わたしは「200円はいただきたいです。そのかわり友人が作ってくれた手づくりのしおりと拙文を綴ったコピーをさしあげます」といい、了承していただきました。

昼過ぎに若いお母さんと就学前の女の子が店頭で話しています。先に絵本を買って貰った女の子がお母さんに「ここに編み物の本がある。お母さんも買ったら」と薦めていました。こんなちょっとした会話に、そのご家庭が見えてくるような気がして、ほのぼのとしました。そのお母さんはけっきょくは買わずに帰られました。

閉店まぎわに坊主頭で小柄な中学生が来ました。「これをください」と五味川純平の戦記物を差し出されたので、思わず「君には難しくないか」と尋ねると「大丈夫です」といいます。「君のような若い人がこんな本を読んでくれるなんてうれしい」といいました。後日、その中学生に「読めましたか」と聞くと「むつかしかった」とはにかんでいました。

（２０１２年10月29日）

やりました大失敗

水上勉著『ものの聲ひとの聲』

「古本屋の四季」の連載を始めて4年半が過ぎました。

本が読まれない時代になっていて、出版界の不況がいわれて久しくなります。それは当然のごとく、街の新刊書店の売り上げに影響しています。新刊書店で売れないということは、読み終えたあと、なんらかの理由で処分される本が古本屋に回ってこないことになります。

昨今の流れでは、読み終えられた新刊書はおおむね2年、つぎに5年、そして10年後ぐらいで、古本屋の市場に出回ってくるような気がします。

流行作家や人気のある著者の単行本は、3年後には、文庫本として再出版されているのではないかとみています。

1970年代のバブル経済絶好調時代には古本屋業界では「初版本がどうの、こうの」

といわれ、初版本収集家を見込んで高い値がつけられ、それでも買い求める人がいるという、ちょっとした流行になりました。本が投機の対象になるかのようなことも囁かれていました。

毎年、発表される直木賞や芥川賞などは、受賞作品が発表されたときには、「初版本」が書店にはなく、2刷、3刷が店頭に並ぶのを待つといった状況でした。

当時も、今もかもしれませんが、文芸物を専門とする目利きの立つ、古本屋のなかには受賞しそうな作品が書店に並ぶとすぐに買っておくこともしていたようです。わたしなど本は読めればよいので、初版本などにこだわったことなどありません。

しかし、愛書家のなかには、そこにこだわる人がいるから、古本屋は付加価値を上乗せして、まだ新刊書店で買える本でも、高い値をつけて棚に並べる店もありました。そういう古本屋は、ふだんから初版本好みの顧客をつかまえていて、棚に並べる前に声かけをしているようでもありました。

新刊書店の店員のなかには、このような古本屋に協力している人もいるやに聞いたことがあります。

ここまで書いてきたことは、どこか特定の古本屋や書店員を頭に描いてのことではありません。わたしの40代、50代のときに古本屋めぐりを重ね、親しくなった店主との会話のなかで感じ取ったことであり、わたしの思い違いかもしれません。

話は変わります。

「古本屋の四季」も通し番号が20までできましたが、最初から読み返す必要に迫られ、「古本屋の四季」の掲載誌である書評誌『足跡』のバックナンバーを繰ってみました。なんと、通し番号18がないのが判明しました。つまりは飛ばし番号になっていたのです。『足跡』を合本にし、閲覧に供してくれている神戸市立中央図書館ふるさと文庫に行って見つけました。「古本屋の四季」17のつぎが、19というわけです。

わたしはいま、この18の欠番を埋めるために、この駄文を書いています。わたしの長い人生で、何事かをするたびに大失敗も、笑って済ませられるような失敗も多数してきたように思えます。そして、多くの友人・知人・同僚たちに迷惑をかけたのでしょう。

そんなことを考えながら、欠番埋めのこの文を終わります。

（2013年1月9日）

持ちつ持たれつ

新田次郎著『昭和新山』

２０１３年は1月5日に営業初日を迎える予定でしたが、亡父の残務整理に明け暮れ、12日になってしまいました。

12日に、きょうから開店しようかなと思いつつ、午前中に愛犬こたろうと散歩していると、常連客の女性が「新年はゆっくりですね」と声をかけてくださいました。「きょうから開けようかと思っています」と、答えると「のちほどうかがいます」と応えてくださり、それを機に開店しました。

初来店者はご夫妻で「古書片岡」を応援してくださっている女性でした。初売り上げは就学前の男の子を連れた若いお母さんでした。こうして1年がスタートしました。初日の売り上げ額は９００円でした。

古本屋業界はおもしろい世界で、「古書片岡」がまだ開店していない4日に、古書籍組合で今年初の市会がありました。この市会は、いつものような入札制ではなく、座長が仕切るセリ制です。出品する本は、昨年末に会場となる組合に搬入しておきました。結果、売り上げが4万3770円もありました。

なぜ、こういうことになるか。それは店舗に入り切れないほどの本が入荷するからです。それが前提です。店舗に置きたくない分野や「古書片岡」の顧客に合わない分野の本などを、市会に出品するのです。

これらの本の入荷先のひとつに、便利屋さんの持ち込みがあります。便利屋さんは家庭で不要となった物品を処分することを請け負うので、蔵書もふくまれています。

便利屋さんはそれらを産業廃棄物処分場に運び込むのが基本ですが、物によっては中古の専門店、「本は古本屋に」運び込めば、収入になることもあります。

昨年は、そんなことで「古書片岡」と商いが成立した便利屋さんがありました。

便利屋さんは「こんな本がある」と見本に持ってこられるのは文学、美術、歴史の全集物類です。函入りでしっかりしているので値打ちがあると思われるようです。だが重厚長大な全集物は、個人全集を例外として、いまや邪魔物扱いです。ほかにどんな本があるかを聞き、可能なら見せていただきます。

1件は同世代の便利屋さん。故人の家財全部の処分で、わたしも同行して本だけを引き取ってきました。仏教・キリスト教・神道などの学術書と古典文学全集、個人全集でした。

もう1件は40代の便利屋さん。さきの便利屋さんの紹介でした。高級分譲マンション群の1棟に、約40坪の図書室をかねた会議室がありました。本が集まりすぎて会議ができなくなり、約40%ほど処分するというのです。

その冊数は大型本250冊・文庫本3000冊・単行本1000冊・新書版150冊・児童書や絵本400冊と目算しました。

わたしは支払い額を念頭におき、店もしくは市会で「売れる」と判断できる作家の作品のみを選んで約1000冊引き取りました。ちなみに小説は、池波正太郎・平岩弓枝・西村京太郎・司馬遼太郎・新田次郎などです。単行本は硬派の著作、大型本は兵庫県内の郷土誌類です。先方が処分を望んでいた函入りの全集物は手をつけませんでした。

「もっと減らしたい本はどうされますか」と尋ねると「紙専門の回収業者に引き取ってもらう」とのことでした。それは持ち込めば1kg3円前後、引き取りにきてもらえば1円が相場のようです。本がかわいそうです。

　作業を見ていたマンションの管理人さんは「友人に本好きがいます。蔵書を処分するときは、あなたを紹介します」といってくれました。「口コミで広がる」の類いでしょう。ありがたいことです。

　ことしも便利屋さんとのご縁を楽しみにし、期待もしています。どんな「人・本・心」の結びつきがあり、広がるでしょうか。売上額よりも、こちらの方が楽しみなのです。

（２０１３年４月20日）

広がるご縁に感謝

安田靫彦監修『良寛』

２０１３年の店での初日の売上が９００円、開店前の市会で４万３７７０円の入札があったと「古本屋の四季19（持ちつ持たれつ）」で書きました。１月の収支は、店頭売りが１万１８００円、市会が５万１６３０円で合計が６万３４３０円でした。12年の月平均経費が10万円ですから13年１月は３万７３００円の赤字です。これが「古書片岡」の経営状況です。

12年度の確定申告は、売上は１０４万８１６０円、仕入れは１８万６６７５円、一般経費は１０２万２０９１円となりました。つまりは34万７２８１円の赤字でした。この赤字ペースは開店時の推測よりよくて、準備した資金は40年間は大丈夫との試算がなりたちます。

この営業実態を知ってか、知らずか先輩の同業者からは「よい本が棚にあるのだから、ネット販売をすれば売上は期待できる」「組合主催の顧客対象の古本市に参加すればよいのに」と声がかかります。でも「古書片岡」はこのままでよいのです。みなさんのおかげで楽しく番台に座り、余生を充実したものにしていただいています。ご縁を得るということの楽しさとありがたさを感じています。

昨12年につぎのような経験をしました。

11月25日に友人の祖父江俊夫さんの作品を兵庫県民会館に観に行きました。その会館の別室で赤木正彦氏の個展が開かれていました。水彩画で兵庫県の但馬地方と広島県尾道市を描いた作品が多くありました。赤木氏に作品の背景などを拝聴しました。

わたしは問われるままに「定年退職後に古本屋をしている」と自己紹介しました。それを聞かれていた受付係をされていた田渕知子さんが「父が遺した艦船の写真集や雑誌がある。捨てるのは忍びない。活用してもらえるか」との声がかかり、12月12日に引き取りにうかがいました。この女性は歌を詠まれていて、ご自身の作歌が載った同人誌『波濤』もくださいました。

この『波濤』誌の奥付を見ると、誌の印刷は黒田タイプ印刷とありました。この印刷会社は、わたしが勤めていた職場にも出入りがあり、黒田正廣社長自ら営業活動をされていて、わたしはこの氏の仕事ぶりに好感を抱いていました。この誌面での再会を氏に知らせました。すぐに返事があり「いずれ『古書片岡』を訪ねたい」とありました。

13年に入ってすぐに田渕さんから電話をいただきました。「三好弥寿子さんに連絡してください。蔵書を処分されるそうです。書道の先生をされている人です」とのことでした。ご紹介くださったのです。

2月7日に三好さん宅にうかがいました。三好さんは91歳。書道だけでなく、水彩画を描かれ、『波濤』同人として歌も詠まれているとのことでした。玄関先に出してくださっていた本は書道に関連する書ばかりでした。

わたしは興味を覚え「後学のためにほかの本も見せてほしい」とお願いしました。本は大判で並んでいるというより横積みにされた状態でした。1冊、1冊棚から降ろし拝見しながら、書家のあれこれについて語られるのを拝聴しました。多くが帙のついた函入りの重たい本で、三好さんは「久しぶりに開いて見ました。懐かしい」といって頁を繰られていました。そのうちに「もう要らないわね。持って帰ってくださる」となり、こうして安東聖空や小沢神魚といった書家の豪華な本を譲っていただきました。

亡きご主人の思い出話もうかがい、退去しようとすると「こんなご縁を得てうれしい」と握手を求められ、「残った本は何かあったら、あなたに引き取ってもらうように息子にいっておきます」ともいってくださいました。

すぐに田渕さんに感謝の意を綴った礼状を送りました。人の輪が広がっていく喜びを味わえました。会えれば5年ぶりとなる黒田氏とは、まだ再会を果たせていません。

（2013年4月20日）

「断腸の想い」伝わる

葛西善蔵著『葛西善蔵随想集』

２０１３年３月に看護師でケアマネジャーをされている人に紹介された82歳の愛書家から本を譲り受けました。

事前に蔵書の分野や冊数や保管状況も把握せずに自宅に行きました。壁面左右に天井までの本棚に本が２列に並べられていました。別にトランクルームも借りられていて、大きめの段ボール箱が40箱ほどありました。冊数は約３０００冊でした。

「古書片岡」の店舗内には入りきれず『原田伴彦著作集』(全7巻・別巻・思文閣出版)や『江馬務著作集』(全12巻・別巻・中央公論社)や『定本庄司淺水著作集』(全14巻・出版ニュース社)など揃っている著作集、文庫本、新書版は自宅に一時保管し、『新田次郎全集』(全22巻・新潮社)などの不揃いの全集物、単行本図録、大判本などを、優先的に店舗で整理しました。整理しながら感じたのは、全集物の第１回・第２回の配本だけで購入を終えているのが、それなりにあったことです。機会があれば本談義をうかがってみたいと思いました。

この高齢の愛書家は、歳を感じさせないほど矍鑠とされていました。転居でもなく、金銭的に困られてもいず、なのになぜ蔵書を処分されるのか。理由は夫人の認知症が進行、さらに骨折されて入院中で、帰宅されたときに夫人用のベッドを置く部屋を確保するためとうかがいました。本を段ボール箱に詰める合間に愛書家が語られる夫人の症状を聞きながら、「断腸の想い」だろうなと推察しました。

整理が終わるのに20日間を要しました。その間は店内を「蟹の横ばい」状態で歩きました。この分類、整理は楽しい作業でした。

話は変わります。

わたしの青春時代にご縁のあった人の住居が20年ほど空き家になっています。遺族は大阪市在住で、ときおり清掃に来られています。お会いした時に「本があれば譲ってほしい」と伝えると本棚を見せてくださいました。率直にいえば本は冊数も少なく、見るべきものがありませんでした。

ただ母上は絵画がお好きで、洋画家の熊谷守一と、庫田叕の油彩画が部屋に飾ってありました。熊谷作品は裸木と草むらを描いたもので「真・贋」のほどはわかりません。存命なら１００歳になられる母上が壮年期に買い求めたのだそうです。「絵も処分されるのなら譲ってください」というと「古本屋は絵も扱われるのか」と聞かれたので「家に飾ります」と伝えました。

あれから3か月が経ちましたが、進展はありません。この先どうなるかはわかりませんが、古本屋をしているからこそ経験できたと喜んでいます。

この間に「古書片岡」の後見人的な岩井孝之さんから、本人の署名がある佐藤春夫著『極樂から来た』（１９６１年刊・講談社）をいただきました。発表は新聞連載のようで、話がひと区切りつくたびに絵が挿入されています。その絵は芹沢銈介の作品です。芹沢は柳宗悦と行動をともにした民芸運動家です。

それだけでなく作中の挿画の原画1点を所有されていて、それもくださいました。だから「古書片岡」の店内には芹沢作品が飾られています。小品ですが味わいのある作品です。

さらに話は変わります。

ＪR元町駅の山側にある「ギャラリーむかい」は、西村豊壽美さんの版画クラブ「板《いた》面会《づらかい》」の作品展を開催するギャラリーです。オーナーの母娘さんは親切で、「あなたねぇ、口コミの宣伝が大事なのよ。宣伝物を持って来なさいよ」「画家の皆さんは高齢者が多く、蔵書の整理に困っておられる人が多いのよ」「蔵書処分の相談を受けたら片岡さんを紹介してあげるから」といって、宣伝に努めてくださいました。こうして3年が経った13年4月に初めての引き取りがありました。

（2013年7月20日）

東京は遠いなぁ

島田宗三著『田中正造翁余録』

２０１３年の初夏のある日、めずらしく店の電話が鳴りました。受話器を取ると若い女性の声がして「義父の遺した蔵書を買い取ってくれませんか」と切り出されました。

以降は、会話のやりとりです。

「どんな分野ですか」「田中正造関連と足尾銅山問題と秩父困民党関連と福島事故以前の原発の本などです」。「どちらにお住まいで冊数はどのくらいですか」「東京で、約60冊です」。「なぜ古書片岡に連絡をくださったのですか」「ネットで調べたら取り扱いの分野が近いかなと思いました」とのことでした。

「その年代の本をお持ちだった父上様は70代で亡くなられたのですか」「そうです」「お若いのに残念でしたね」。「東京なら神田の古本屋に相談されたらどうですか」「聞きましたが断られました」。「それでは高田馬場の古本屋は」「まだです」。「お持ちの分野の本は、今は需要が少ない。当店にも水俣病やハンセン病などの本がありますが、売れないというより手に取って見ようとされるお客さんがいません。それにどんな貴重な本でも東京まで見に行く旅費などで採算があいません」。「そうですよね。ごていねいな説明でよくわかりました」で終わりました。

さらに言葉を継いで「引き取り手がなければ資源ゴミとして捨てられるのですか」「まだ考えていません」。「もしそうなると父上様の意にそぐわないでしょうから、当店に着払いで送ってくださいませんか。ささやかでも査定して代金を送る努力をしますので送ってください」「最終的な判断材料にさせていただきます」と電話は切れました。

そして2週間が経った5月25日に電話があり、「神田の某古本屋さんが来てくださり、何冊か引き取っていかれました。つきましては残本を送ってもよろしいですか。代金は要りません」

「よかったですね。喜んでいただきます。必ず着払いでお願いいたします」となりました。

こうして6月1日に段ボール箱1箱が届き約30冊が入っていました。お便りに、ご両親は鳥取県米子市と島根県益田市の出身で、ご本人は大阪に住まわれたことがあるとのことでした。わたしにも思いが深い3都市で親しみを覚えました。「神戸に行くことがあれば立ち寄らせていただきます」とありました。

話は神戸市内のことに移ります。

神戸市在住の門永秀次さんから電話がありました。用件は宝塚市在住の某氏の蔵書、労農派関連の本を、若い人に譲りたいので「門永さんのネットに掲載して希望者を募ってほしい」との依頼を受けたとのこと。門永さんは「9月末日までネットに掲載するが、残った本は古書片岡が引き取ってくれますか」との相談でした。

わたしは門永さんが「古書片岡」を忘れずに声をかけてくださったことに感謝して、了解しました。そこで門永さんに「某氏にその他の本も捨てないで保管しておいてほしい」と伝えるように頼みました。

いまのご時世では、労農派にかぎらず党派を鮮明にした本は売れません。なので他の分野の本もあれば良いなと思って厚かましくも依頼しました。こうして9月25日に連絡があり、10月4日に元教育労働者という某氏と門永さんとで待ち合わせて、引き継ぎました。

労農派の書では『櫛田民蔵全集』『大内兵衛著作集』『大系国家独占資本主義』などがあ

りました。他の分野では『星の世界をたずねる』、村上春樹『１Ｑ８４』（全6冊）や物理学の全集などがありました。

ちなみにネット掲載で引き取られたのは『ハーバート・ノーマン全集』『宇野弘蔵全集』だったそうです。これまでとは違った引き取りの体験をさせていただきました。門永秀次さんに感謝です。

（２０１３年10月20日）

営業は目を合わせて

神野善治著『人形道祖神』

商売は営業活動が大切です。

「古書片岡」にも1日に一度、16時前後に営業活動の電話がかかってきます。とてもていねいな語りかけで「社長様はいらっしゃいますか」と「事業の責任者様はいらっしゃいますか」と話しかけてきます。わたしの対応はいつも「はい、わたしひとりで営んでいる店なので、わたしが責任者です」

それでは、と先方は用件に入られます。

用件は聞かなくてもほぼわかっています。ひとつは「電話回線を当社に変更されれば、月づきの電話料金が安くなります」。もうひとつは「当社はネットで検索できる商店地図を作っています。掲載は無料です。掲載のご了解はいただけるでしょうか」です。

わたしは先方の話をしっかり聞いたうえで、先の電話には「わが店にはほとんど電話がかかってこないし、当方からもかけることはない。先月の電話料金は2233円でした」といいます。事実だからです。後者には「地図に載せていただくのは結構ですが、当店にはパソコンがなく、当然インターネットは使っていません」といいます。するとすぐに「失礼しました」と電話をきられます。

もうすこし違う内容の電話は「貴店はレンタルのコピー機を置かれるご予定はありませんか」、「貴店でお使いの蛍光灯をLEDに取り替えられませんか、月づきの電気料金が安くなります」です。

わたしの返事は「一度、わが店にお越しになったらいかがですか。狭い店内に本が溢れ、コピー機を置くスペースがあるなら、1冊でも多くの本を揃えたいです」といい、後者には「わが店舗は借り物で、2階がアパート、1階が店舗になっています。光熱費は店子が折半なんです。わが店だけが努力しても安くならないのです。見に来られたらわかりますよ」と伝えます。

小憎らしい親父をこのように演じています。

開店直後に「電話料金が安くなるから」との説明を、電話で一生懸命していた若者がいたので「電話での説明ではシステムがよく理解できない。聞いたうえで契約しなくてもよいなら、店に来て説明してください」といったら、パンフ持参で来店されました。結局、契約しないことになりました。すると「せっかく大阪から出向いたのに」と凄みました。「あなたの方こそ約束が違う」と言い返し、そのかわり「もし切り替えることがあったら、あなたを指名する」と口約束をして帰ってもらいました。営業担当者は契約を取らなくてはならず、大変な仕事です。

こんなことがあるから「古書片岡」では目録販売、ネット販売をしません。顔を合わせて目を見て「商い」をしたいものです。

そんなことを感じている2013年10月の某日に詩集を3冊ものにされている詩人の小野原教子さんが来店されました。

用件は11月24日に「百窓市」(ワイン木箱の本の市)を、異人館街で有名な神戸市中央区北野町の浄福寺で開催する。「参加してほしい」との要請でした。「なぜわたしを誘われましたか」を問うと「定年後、古本屋をしたいという人は、多くいらっしゃるが実現された人は稀。片岡さんは実現された人の代表です」とのことでした。

わたしは熱心な誘いに出店することにしました。
目標を「古書片岡」には、専門的なこんな本が揃えてありますと、宣伝することに置き27冊を選びました。出店は18店で開店を待つお客さんの顔触れを見ていると「古書片岡」の品揃えは、あまりにも場違いです。結果は予想どおり「古書片岡」の売り上げはゼロで、ゼロは「古書片岡」のみでした。

で、店番をしてくださった若い友人の報告では「店はどこにある」「一度訪ねてみたい」と聞いてくださった人がいたり、「『足跡』の不揃いのバックナンバーを持ち帰られた人がいた」と教えられました。今後のお客さんの動きが楽しみです。

（2014年1月20日）

在庫充実するも売上伸びず

多田茂治著『石原吉郎「昭和」の旅』

2014年1月27日に「散歩気分のブログマガジン」である雑誌『yurari』の竹内明久編集長から電話がありました。

3月発行の『yurari』5号は、特集に神戸市中央区を走るJRの高架下にある元町高架通商店街（通称・モトコー）を取り上げるとのことでした。竹内氏がいうには「モトコーの全域を写した写真集を出版しているのは、片岡さんの『高架下商店街の人びと』だけですので、取材させてほしい」とのことでした。手には図書館の写真集がありました。

わたしは「古書片岡」の開業後は、カメラから遠ざかっています。家ではときおり愛機に触れるだけで、町に出かけることがなくなりました。気まぐれに写すという思いはなく、写すならテーマを設けて、が前提です。いまはその集中力が確保できないでいます。

竹内氏がわたしの写真集を知ることになったのは、写真集の企画・編集・印刷を担当してくださったフジイ企画（大阪府堺市）の藤井寛氏のブログで、「古書片岡」の開業を紹介する記事を見つけられたからでした。

そのことを2月22日に久しぶりに来店された藤井氏に伝えると喜んでくださり、『ｙｕｒａｒｉ』と写真集に関する記事をブログに追加記載し、『フジイ企画ＮＥＷＳ』３月発行の８号にも掲載してくださいました。

そんな繋がりで写真集とわたしが取りあげられることになりました。待ちどおしかった雑誌は、３月14日に届きました。サービス精神旺盛な竹内氏は、「古書片岡」の宣伝にも配慮ある誌面にしてくださいました。

『足跡』に連載中の「古本屋の四季」を読んでくださっている読者のみなさんには『足跡』１１２号とともに貰っていただきます。

雑誌が届くまでにも本の引き取り話は『足跡』同人の木下健一さんから「段ボール箱で15箱にまとめてあるから引き取りに来て」といただいていましたが、わたしの肩痛とこたろう犬の病状悪化が気になり、営業活動に熱が入らず、延び延びになっていました。

また店の近くにある臨済宗妙心寺派の祥福寺の参拝者からも話をいただいていました。

この寺は修行僧の道場で全国から若い僧が来ています。その昔、夏目漱石が修行僧と文通していたこともあるとのことで、寺にはその手紙が保管されているや、に聞いています。

そんな祥福寺は、定期的に座禅会を開いたり、『碧巌録』の研究会を催したりしています。その会の行き帰りに立ち寄ってくださる人がいます。多くは教育界にいた人が多く、校長、教頭や教授たちです。その人たちは読書家かつ後期高齢者ですので、蔵書の処分を検討されている人が多くいます。

ご縁をいただいた、ひとりは東京都立高校で教鞭を終え神戸に来て、仏教史の研究をされている人で、宗教者の雰囲気を漂わせる人でした。仏教の経典や仏教史などの研究書は、まだ手放せないとのことでした。函がないのもありましたが、線引きさえなければ、それなりに求められる本とお見受けしました。また教職時代の専門書でしょうか、心理学やユング学派の本がありました。

もうひとりは神戸市内の某大学で英文学を教えておられた元教授です。「車がないので引き取りに来てもらえるか。すでに箱詰めをしてあり20箱。代金は不要」とのことでした。

わたしが箱詰めにすると単行本の大きさを揃えて1箱に約40冊は詰められますが、きっと30冊前後と推定します。そうすると650冊前後でしょうか。大阪在住の友人と、このことが話題になりました。もちろん氏名は伏せてです。彼いわく「処分される本は、専門外でしかも一定の関心、目的で読まれた本ではないか」というのです。

さて、この推測があたるか、否か。引き取りの、その日の来るのが楽しみです。

（2014年4月20日）

紙の書籍は健在なり

山崎勇治著『石炭で栄え滅んだ大英帝国』

3・5坪の広さしかない「古書片岡」には5500冊が棚に並び、床積みが1000冊近くあると推定できます。これ以上増えると店主の居場所も占拠されそうです。それなのに本を譲ってくださる人からの連絡を毎日、毎日待ち望んでいます。

予告なしに本が届くことがあります。年に1回から5回の定期便で、1回に5冊から30冊です。いまこのような定期便でくださる人は7人います。大学教授、工務店経営者、某化学会社役員、タクシー運転手、事務職員、年金生活者2人です。

分野は時代小説、推理小説、現代小説で、その多くが文庫本でほぼ新刊書です。読み終えると、すぐに持ってきてくださっています。そして「代金は」というと「店が引き取ってくれなければ捨てるだけだから要らない」と受け取られません。新刊書であればあるほど、つぎの読者を得る確率が高いのです。このように「古書片岡」は、多くの人の、ご好意で維持してもらっているようなものです。ありがたいかぎりです。

「譲り受けた本は、どうしているのか」と友人や親しくなったお客さんから聞かれることがあります。その疑問にお答えします。

譲り受けた本は店に置きたいと思う本に値つけをして棚にさします。この「置きたい」という基準は店主のわたしの「好み」です。世界観が極端に違う著作や作品は置かないようにしています。このことで新刊書店と決定的に違い、古本屋の個性が出ます。

それでは置きたくない本が入荷したらどうするか。兵庫県古書籍商業協同組合が開催する市会に出品します。それを必要とする古本屋が入札をしてくれます。こうして古本屋に譲られた本は、つぎに活かされるようにします。お互い不要な本の持ち込みですから入札額は低いのですが、わたしの「置きたくない」という分野、たとえばアダルト本などの方が、入札額がよいのが皮肉です。

その市会への出品方式は1冊でも市場価値があると見込まれる本は1冊で1点ですが、50冊、１００冊、いや２００冊と束ねて1点だったりすることもあります。それでも、どの店も不要と判断され入札されない本は、「もったいない」といいつつ、組合内の破棄場に捨て置かれ、古紙回収業者に引き取られていきます。

破棄場に捨て置かれた本は組合員なら持ち帰り自由です。束から1冊抜き取ることもできます。先日も向坂逸郎訳『資本論』机上版が全4冊揃って置かれていました。わたしは線引き、書き込みがあるのだろうと箱から出して点検すると、4冊とも読まれた形跡のない美本でした。店には2セットもありますが捨てるに忍びなく、貰って帰りました。

こんなことがあるので、「売れない」と判断する本は引き取りたくないのです。重い本を移動させる労力や経費を嫌うのです。それでも不要と判断した本を、持ち帰るよう要望されると手間賃を要求する業者もいます。

蔵書を店に持ち込まれる人には、支払い額を即座に呈示しますが、折り合いがつかないときもあります。

反応はさまざまです。「そんな金額なら友人にあげます」「バザーに拠出します」「違う古本屋に行ってみる」と帰られる人、「持ち歩くのがしんどいから、その金額でいい」と妥協される人など、さまざまです。代金を呈示すると「そんなに貰えるのですか」と感謝される人もいます。

こうして譲り受けた本が棚にならび、開店5周年を過ぎました。いまでは開店時に持ち込んだ、わたしの蔵書の社会科学書は2割ほどになりました。棚には民俗学、民族学、文学・文芸書、山岳小説・登山家の記録書、日本占領下の鉄道関連書、時代を切りとった事件や運動の研究書。それらに関連の美術・音楽・写真集なども充実しています。「街の古本屋」といえる品揃いになってきたと自画自賛しています。みなさんに感謝です。

（2014年7月20日）

小さな親切、大きなお世話

谷川健一著『海神の贈物』

　愛犬こたろうの散歩道にあたる隣町の女性から「転居で蔵書を処分するので引き取りにきてほしい」との依頼を6月に受けました。

　このお客さんとは、触れ合いの記憶がなく、本に関する会話をした覚えもなく、どのような分野の蔵書をお持ちなのか、その量も推察することができませんでした。そこで7月2日に出会える本を楽しみにしながら、大きな期待を持たず、引き取りにうかがいました。

　訪問すると「未練があるので、いく度かに分けて処分したい」と伝えられました。紙袋に詰められ、紐で束ねられていたのを、玄関先で受け取りました。単行本、文庫本、図録類などで約100冊と推測しました。だが紙袋から見え隠れしている文庫本は、表紙カバーがなくなっているものもありました。

　わたしも函やカバーなど読書には関係ないと思っています。だが古本屋ではカバーのない本は売れないのです。そこで買い取り値を「８００円」と伝えました。すると「以前に処分したときは1万円になったのに」とおっしゃいました。バブル期と思われます。

もちろん処分された冊数や保存状況がわからず、比較することに無理があります。ご本人も「時代が違うわね」とおっしゃり、２０００円で合意となりました。本を店に持ち帰り、番台机に並べてみるとカバーのないのは一部で、ていねいに読まれていました。また、わが店の在庫を豊かにしてくれるものが多いと判断し、つぎの処分に期待を託し、支払いを３０００円にして喜んでいただきました。このような対応は、古本屋としては厳禁なのだそうです。またわたしとしても商売人らしくて嫌なのですが。

蔵書の分野は、漢詩や漢書、中国文学、民俗学、中国語・英語の原書、小説では作家・宮城谷昌光や北方謙三の中国歴史物でした。不揃いもあり残念なものもありましたが、興味のあるものばかりでした。図録もシルクロードにまつわる地域の古代文明や建造物に関する展示会のもの、画家では秋野不矩画伯がお好きのようで多数ありました。

2度目の受取日の打ち合わせなどでお会いするうちに、本についての会話が弾み、お話をうかがっていると、神戸の中華同文学校で教壇に立たれたことがあること、以前からご縁をいただいている版画家の招瑞娟さんと教壇を同じくされた時期があったこと、若かりしころシルクロードを歩かれたことなど、興味つきない話を聞かせていただけました。

そこで、転居先をうかがうと「まだ決まっていない」「猫を連れては貸してくれる借家がない」という悩みをうかがいました。ここからがわたしの「小さな親切、大きなお世話」心の出番です。

わたしがまずしたことは、2匹の猫の飼い主探しのため、わが店に「飼い主募集」の貼り紙をしました。結果は成果なしでした。つぎは猫を飼うことが許される借家を探すことでした。家賃の上限額をうかがい、町内で空家のままになっている家主さんに相談しました。この家主さんは、わが古本屋のお客さんでもありました。結論としては、家賃額も広さも希望にかない、家主さんも借り主を気に入られました。早く決着がつき余裕を持って転居が実現しました。

蔵書の処分話から、猫のこと、借家探しのことなど「小さな親切、大きなお世話」の類だったと思われますが、喜んでいただけたことをわたしも喜んでいます。だがわたしはここで気づきました。蔵書を処分しないと転居できないと、手放すことを覚悟されていたのに、転居先の住宅が予想以上に広く、蔵書を持っていけることになったのです。つまりは処分されるはずだった本が少なくなったということです。

手放し難い本があとになるほど出てくると期待していたのに、残念なことになりました。

（２０１４年7月10日）

一航海士の手記

岡田英雄著『学徒出陣』

わたしは20代と30代に労働大学関西支局に勤務していました。その事務局に本を譲り受けに2014年7月23日に行きました。元同僚で定年退職後も出版・講師依頼・講演などの活動をされている山内正明さんのご配慮です。

いまの時代、社会科学書や党派性が明確になった本は、店頭でも市会でも売れないのは承知していますが、古巣への郷愁に駆られ行きました。

結果は263冊。活動家だった某故人の蔵書を中心に、1970年代発行のマルクス経済学や農業経済の専門書などが中心でした。それに蔵書のすべてに故人の住所と氏名が書かれ、かつ多くの線引きや書き込みがあり、とても辛いものがありました。

当日は山内さんが、昼から『まなぶ』『月刊労働組合』の8月号を、読者に発送するための封筒への切手貼りの作業があるというので、雑談をしながら楽しく手伝いました。

その時間帯に大阪府高槻市在住の奥本健一さんが、リュックに本を詰めて「古書片岡」に持って来てくださっていました。妻から「帰宅途上なら待っていただく」との連絡がありましたが、作業中で会えずじまいでした。

1週間後の29日には、店の近くの89歳の女性から、電話で「本を引き取りに来てください」との連絡がありました。冊数は約１００冊弱。文庫本は時代小説、単行本は学徒出陣と特攻隊関連の本でした。

初対面で、話は自然に「なぜ学徒出陣や特攻隊関連の本を読んできたか」となり、この女性の青春時代を聞くことになりました。要約すれば、戦時中に婚約した許婚の彼が、学徒出陣で海軍に配属になり、敗戦後まで生き延びたのですが、現地で学徒兵同士が銃で撃ち合い、自決されたそうです。

許婚の強烈な最期が戦友会の会報や出版物にも取り上げられ、婚約者であった女性の文章も収録されました。

女性はその後、良き伴侶と子どもに恵まれたのですが、夫の死後、戦友会などの集いに積極的に参加したりして、許婚のことが載った非売品の出版物や私家本が届けられ、読み継ぐことになった。手元にある自決した許婚の写真などの一部は近日中に焼却処理をして、書籍類はわが古本屋に託すというわけです。

その女性は戦争の悲惨さ、遺された者の痛みなどを語ったあと、最後に「戦争は絶対にいけない。安倍首相はまちがっている」と力説されていました。

この女性と前後します。

7月24日には東京都町田市在住の作家・著述家の多田茂治氏が朝鮮・在日の関連書や石牟礼道子作品などを送ってくださいました。石牟礼作品では『アニマの鳥』『西南役伝説』ほか。朝鮮・在日関連では、川村湊著『生まれたらそこがふるさと』、飯尾憲士作品では『ソウルの位牌』、『一九四〇年釜山』や梁石日作品などでした。

同封されていたお便りには「拙著に使った資料で最も多いのは『夢野久作・杉山家』ですが、これは一括して、適当な文学館に納めようかと思っています」とあり、「つぎに多いのが『石原吉郎・シベリア抑留』で、石原吉郎の詩集・エッセイ集は、ほとんど持っておりますが、これもまだ手放せずにいます」とあり、さらに「そろそろ書斎の整理をしておかないと娘たちが困るだろうと思って検分を始めていますが、あらかたツンドクだった全集物や単行本が、次々と現れて思案投首といったところです」とありました。

わたしは、厚顔にも礼状にそれとなく「2屯トラックで譲り受けに行きたい」との趣旨を書いておきました。

9月16日に小さな段ボール箱に詰められた本が届きました。最初の送本が届いたときは面識がなく、訝っていましたが兵庫県芦屋市在住の森山貞希さんとわかりました。80代の女性でした。以降、2、3か月ごとに新刊の文庫本が送られてきます。一度、来店してくださり、大いに会話が弾みました。

このようなご好意で「古書片岡」は維持しています。


（2014年10月20日）

世間は広い、狭い

渋谷魚彦詩集『あの空の青』

書評誌『足跡』と古本屋『古書片岡』を機軸に羅針盤の針が、お会いしたことのない「ある人」を指すという体験をしました。

２０１２年に初めて来店され「蔵書の処分を考えている。引き取りに来てもらえるか」「引き取り日は後日に相談」とのまま、音信が途絶えた某紳士がいました。進捗具合が気になり、半年後に電話をすると「あれから体調を崩して、まだ整理ができていない」とのことでした。以降、手紙や『古書片岡』が紹介された冊子をお送りしていました。

某氏からも、ご自身が執筆された随筆や近況が届くようになりました。そのなかで印象に残っているのは、『古書片岡』の近くにある烏原貯水池の建設に纏わる話でした。「立ち退きを強制された住民の一部は、淡路島に移り住み、生計を立てるために線香の製造に励んだ」との興味深い内容でした。

またご自身の体験談として「教え子が結婚し子どもができると彼は事故で亡くなった」。その後、夫妻は遺児に気をかけ、「折々に適当な本や図書券を差し上げていた。読んだ本の感想を送ってくれることもある。『本を読むと考える力がつき、算数や理科でも役立つんだよ』と話していた。『本好き』が『勉強好き』につながり、学力向上に結びついたのだろう。遺児は小・中学時代、勉強を楽しんでいた。成長し、東大で物理学を専攻。今、大学院のドクター・コースで研究を続けている。神戸に帰ってくると、よく家にもきてくれる」とのことでした。このお話にも、わたしは心ひかれました。

某氏は、以前、神戸松蔭女子学院大学でも教えられていて、夫人は詩集も出されています。なお某氏は「東京大学が……ではなく、本を読むことの大切さを語りたかった」とも書かれていました。

こんなことがあり、『足跡』の最新号も送りました。すると「妻は以前『足跡』を貰って読んでいた」との、思いもよらぬお便りをいただきました。その経緯は『足跡』表紙版画の前担当者の植田昇同人から受け取られていて、夫人は植田さんと版画『梓の会』の仲間だったそうです。ということは植田さんの前担当者の井上美都子同人とも周知の仲だったと推察できました。なんと奇遇でしょうか。

ここまでくると蔵書の引き取りだけでなく、冒頭の「ある人」と思われる夫人に、お会いできる楽しみが重なるようになりました。もちろん夫人とは初対面ですが、会話は弾むものと思えたからです。このことを早速、『足跡』同人の西村豊壽美さんに伝え、某氏には昨年10月14日から開催された西村さん所属の版画会「板面会《いたづらかい》」の作品展の案内ハガキを同封し、「植田さんとご縁のある西村さんも出品されています」と書き添えました。

夫人は律義にも会場に出向いてくださいました。西村さんはその日は受付担当日ではなかったのですが、急遽交代していて会場にいて、夫人と出会えたそうです。話の詳細はうかがっていませんが、会場で井上さん、植田さんに纏わる話ができたとの報告をうけました。その直前まで、わたしも会場にいたのですが。わたしがお会いできるのは蔵書の引き取り日の楽しみに残されたようです。

さらに夫人との奇縁話は続きます。

10月に他の人から約1000冊引き取りました。この人は、神戸では著名な詩人が主宰する詩会の同人で、その会の研修旅行で配られた薄い印刷物もありました。なにげなく頁を繰っていると、夫人と同姓同名の人の詩が収録されていました。同ひとり物か否かは、いまはわからないのですが、そんなにありふれた姓ではないので、同ひとり物であろうとわたしは思っています。ということは、版画家の夫人は詩人でもあるようです。

書評同人誌の活動が29年間も継続されていると、こんな繋がりが紡がれ、世間は広いというのか、狭いというのか、楽しくもうれしいご縁を感じるとともに、今は亡き『足跡』同人たちの在りし日を偲ぶことができました。

（２０１５年1月20日）

いつか私も歩む道

兵庫朝鮮関係研究会編『近代の朝鮮と兵庫』

２０１４年12月の上旬に「朝、父（93歳）の挙動が不審だったが、その日はデイケアの日だったので送り出したが、ケアセンターで容体がおかしくなり、病院に入院させました」と、某氏のご子息から電話がありました。

わたしは翌日に病院に行き、両腕に点滴をされていた父君に「わたしがわかりますか」と語りかけると、「忘れるかいな」と応えてくださり、ひと安心しました。８日間の治療で、無事退院されました。

ただ足腰がさらに弱まり、屋内でのひとり歩行も危うくなっています。常日頃から「ここまできたら１００歳までは生きてみせる」とおっしゃっていますので、がんばっていただけると思います。某氏とお会いして、本や写真に関する話をうかがうのが楽しみです。記憶力は驚異的に確かです。

そんなことがあった3日後のことです。

先の人と同じように病で倒れられた人のことです。還暦前後と見受けられる上品かつ気丈夫そうな女性が来店されました。「以前、父が蔵書を買い取っていただきました」と名乗られました。用件は「父が転倒し頭部を強打。意識不明となり入院」「奇跡的に意識が回復し、語りかけには応じてくれる」とのことでした。

愛知県在住の娘さんが来店されたのは「88歳になる母が、転倒する前日に届いた『足跡』114号のお礼を伝えていない」といいますので訪ねてきましたとのことで、わたしは恐縮しつつ父上の容体をお聞きし、「面会が可能になったら教えてください」とお願いしておきました。

弟さんは東京都在住で「週に一度看病に来ている」とのことでした。「母も高齢で心配です」とおっしゃるので、「どこまで対応できるか、わかりませんが一番近くですので、緊急事態が発生したら連絡してください。可能なら実家に駆けつけてみます」と伝えて、住所と電話番号の交換をしました。

翌日、母君から「一般病室に移った」との電話をいただいたので訪ねました。父君は弱々しい声で「あ・り・が・と・う、ありがとう」を連発し、手を握るとしっかりと握り返してこられたので、ひと安心しました。

その後も順調に回復され治療入院から、機能回復を専門とするリハビリ専門病院に転移されました。ご家族に話をうかがうと医学的に無知なわたしでも医療スタッフの言動には首を傾げたくなる対応で、1月28日に逝去されました。結局、わたしはなにもお手伝いできないままでした。通夜・葬儀への参列は遠慮しました。落ちつかれたであろうと思われる、3週間後の2月18日にご自宅にうかがいました。

その後、遺産相続の手続きについての相談を受けましたので、『足跡』元同人の司法書士の紹介で、相談者の居住地に事務所のある司法書士のお世話になり、ご遺族には喜んでいただけました。

もうひとりの元大学教授をされていた人ですが、お会いしたいと思ったときには、逝去されていたという寂しい話です。

『足跡』114号で取りあげた著書の著者に電話を入れ、出稿前の拙文を見ていただきたい旨をお願いしようと思いました。電話に出られた夫人から知らされたのは、2014年

9月に逝去されたということです。

後日、夫人から「続編も僅かに残部がありますので送ります」「亡き主人が生きていたら喜んだことでしょう」といってくださいました。2月6日にご自宅を訪問し、ご遺影に初対面のあいさつをしました。そのおりに、故人の蔵書を拝見させてもらいました。執筆部屋と書庫化した部屋に目算で4000冊。姫路獨協大学や大阪経済法科大学で教鞭を取られていた人だけはあると思いました。日本や韓国の歴史書や地域史が中心でした。

古書店の店主になって6年。本が取り持つ楽しい縁に喜び、思いもかけぬことに心痛めたりしながら過ごしています。ほかの古本屋ではしないであろう、「小さな親切・大きなお世話」を承知で、自己満足な行為をして楽しんでいます。

そんなこんなの「古書片岡」ですから黒字経営にならないのでしょうか。でも感謝です。

（2015年1月20日）

きのう　きょう

尾上圭介著『大阪ことば学』

２０１５年5月17日の閉店後に芦屋市のお宅に引き取りに行きました。

ＳＦ小説・大阪案内・俳句・戦記で１０３冊あり、そのなかに正岡容著『艶色落語講談鑑賞』（あまとりあ社・１９５２年刊）がありました。人情話、上方落語、世話講談、寄席青春録や売色、艶話などが収録されていました。わたしには関心のない分野ですが、「この本も手放す」といいつつ、手渡されたので、少し気になっていました。

しかし、縁は異なもので「古書片岡」の近所に住むお客さんが、いつも「三万人のための情報誌」と銘打った『選択』という雑誌を「読み終えたから」といってくださいます。わたしは渡辺京二連載の「追憶　バテレンの世紀」、河谷史夫連載の「本に遭う」、中村計連載の「誤審のスポーツ史」を熱心に読んでいます。

芦屋市の引き取りの翌日18日に『選択』5月号が届けられました。いつもは「読み終えたから」だけの、お客さんが「今月号の『本に遭う』は落語の紹介です。わたしは落語が好きでおもしろかった」といって手渡されました。そこで頁を開くと、見出しは「悔いなき米朝の悔い」とありました。米朝とは先般亡くなられた落語家・桂米朝氏のことでした。

その一節の書き出しに「米朝には三人の師父がいた」とあり、ひとりは実父の中川延太郎、もうひとりは上京して師事した芸能研究家の正岡容、三人目が四代目の桂米團治だとありました。奇遇です。そのあとで『艶色落語講談鑑賞』の随筆らしき文章を流し読みしましたが、米朝のことは出てきていませんでした。

前日に「この本も手放すわ」といって手渡されていなければ見過ごしていた本であったと思います。米朝との話のなかで出てきていても素通りしていたものと思われます。本や人とはこんな出会いのしかたもあるのだと感心してしまいました。

そんなおり、「古書片岡」の山側にある戦災を免れた町並みがあり、何代もつづく住民がいて、震災も持ちこたえた家屋が多く、そんなお宅から、本の引き取り話がありました。

そのなかに先代の蔵書もありました。多くは戦前の神戸市役所が発行した非売本でした。たとえば『昭和十一年海軍特別大演習　観艦式神戸市記念誌』（神戸市役所刊）、１９３８

年7月に起きた神戸市湊区（現兵庫区）の大水害を記録した『湊区水害誌』（神戸市湊区役所刊）といった古い本でした。また町内にある臨済宗妙心寺派の祥福寺で、老師をされていた故山田無文氏の著作『わが精神のふるさと』などがありました。

それらを整理しているときに、青春時代に知り合い、お世話になりつづけた弁護士の中東孝氏から連絡がありました。中東氏からは3～4年ごとに読み終えた本を貰っています。だから最新刊に近い本ばかりです。

たとえば須田桃子著『捏造の科学者　STAP細胞事件』、帚木蓬生著『日御子』、赤坂真理著『東京プリズン』、末井昭著『自殺』、安部龍太郎著『等伯』とともに、元少年A著『絶歌　神戸連続児童殺傷事件』もありました。この本についてお互いの想いを述べあったあと、中東氏は「売るか、捨てるかは片岡さんの判断にまかせる」といって手渡されました。

わたしは店で任意の頁を開いて、数行だけ読み始めました。そこは少年Aが児童を殺傷する前に猫を殺害し、解体しようとする箇所で、すぐに本を閉じました。

わたしはこの本を、どのように処理すべきか迷いました。しばらく番台の近くのお客さんに目立たない所に、他の本といっしょに積み上げておきました。約20日間に、この本の存在に気づく人はいず、もちろん探求書として声をかけてきた人もいませんでした。

その間に日本図書館協会は「本書を閲覧に供するに値いしない本とはいえない」との結論をだしました。兵庫県立図書館は「館内の閲覧には供するが、貸し出しはしない」とし、神戸市立図書館は「購入そのものをしない」と決定しました。

さて、「古書片岡」店主は「破棄」を実行しました。

（2015年7月20日）

若い女性たち

大阪府立文化情報センター編『大阪の風合い』

わたしなど古本屋をしなければ、縁もゆかりもなく過ごしたであろう作家の作品を求めてくださる20歳の女性がいます。彼女のお住まいは同じ町内なのでよくみかけます。どのような事情かはわかりませんが、いまは祖母とおふたりで暮らされています。

わたしが古本屋を始める数年前に、彼女の祖父の蔵書が、わたしの知る某古本屋に引き取られていくのをみました。後日、古本屋が引き取らなかったのでしょう、国家論や仏典の原書が捨てられていました。町内に原書を読みこなす人がいらっしゃることを知り、強い印象として残っています。

この祖父母と暮らされている彼女は、街角でお会いしても、店に来られたときも「おじさ～ん」と声をかけてくださいます。

8月の暑い最中、アルバイト帰りに立ち寄られ、雑談をする機会がもてました。会話のとっかかりは「おばあちゃんが、あの古本屋さんは、どんなお仕事をされてきた人だろうといっています」でした。

そこで34年間、労働者運動の専従職を勤め、愛着のあった職務は、組合員に配布する機関紙づくりと労災保険・労働災害の被災者の救済手続きを担当したことなどを伝えました。そして、「労働組合や労働者運動と聞いて違和感はないですか」と聞くと「おじいちゃんも、学校の先生のそういうことをしていたと聞いています」と答えられました。

その後は、祖父母との生活の経緯や趣味についてうかがいました。いまは短期大学を卒業してからも就職活動中とのことでした。「本、読書が好きなので書店もよい」「元町の海文堂書店のバイト募集に応募したこともある」というので、「おじさんの推薦では力にならないかもしれないけれど」といいつつ、彼女の前で海文堂書店に電話を入れ、バイト募集の有無を聞き、紹介したい人がいることを伝えました。就職ができればよいのですが。

もうひとりは、精神的に優雅な暮らしをされている、若い女性です。

学生時代にインドに魅せられゼミの教授の推薦でインドに留学された経験もあるといいます。また絵も描かれていて、神戸市中央区にある神戸文化センター（旧ブラジル移民センター）で、作品発表の機会をもたれているともいいます。自作の絵画が売れるとつぎの活動資金になるのだそうです。

「それでは生活は」との疑問が生じるのですが、母上と同居のようです。

話をうかがっていると、仕事とか生活とかなどには頓着していないといった雰囲気を醸しだされています。ここが、おっとり、優雅に見えるポイントなのかもしれません。

（2015年9月3日）

神戸の古本屋を記録

飯塚富郎著『昭和の神戸　昭和10〜50年代』

8月19日に、「トンカ書店」の若い女性店主が、写真家の永田収氏と一緒に来店されました。用件は「トンカ書店」が開店10周年を2015年12月に迎えるのを記念して、古本屋の同業者を永田氏に撮ってもらい「開店前、開店後、お世話になった古本屋への感謝の意を込めて写真展を開きたいと思っています」との企画を述べられました。

わたしは知り合った当初から、店主は行動的かつ豊かな発想をもつ人と認識していました。開店当初から店内で、詩の朗読会や絵本の読み聞かせ会を開催されていて、既存の古本屋では呼び寄せられない本好きな人たちや幼子を連れた若い母親たちの輪を広げていました。

写真家の永田氏とは初対面でした。「神戸新聞」の夕刊にも連載ものを発表されていた人と承知していて、数多くの作品を拝見していました。また神戸市中央区を走るJRの高架下にある元町高架下商店街の「にぎわいづくり実行委員会」が発行の『元高モトコーMOTOKOH　２０１１－２０１４』（14年10月25日刊）では、写真作品の提供をご一緒しました。

永田氏はバックからカメラを出して、わたしを写し始めました。「古書片岡」の前には近くの「やまだ書店」「イマヨシ書店」も写してきたとのことでした。

撮られている合間に、店主は「みなさんの経歴や古本屋としての思い入れなどを聞いていると、おもしろくて楽しい」というので、「永田氏と組んで兵庫県内の古本屋を取材して纏めたらいかがですか」と提案しました。店主の人柄なら、みなさん胸襟を開いて語ってくれるだろうと思いました。

10月に入ってトンカ書店から、10月1日から12月28日まで開催される「トンカ書店10周年企画展」のポスターや案内はがきが届きました。同封されていたのは、永田氏が撮っていかれた「古書片岡」の写真2点もありました。その写真は店のガラス戸に貼ってあります。企画展のひとつとして11月1日から11月15日まで、永田収写真展「古本屋店主・人物往来」と題されて催されました。トンカ書店を会場として取り組まれる6つの企画は、たくさんの来観者もあって成功裏に開催されているようです。詳細な話は企画展が終わったあとに、いずれゆっくりとうかがおうと思っています。

ところで２０１５年11月現在で、兵庫県内に古本屋が何軒あるのか、正確な軒数はわかりません。ただ「古書片岡」も加入している兵庫県古書籍商業協同組合には70軒が登録されています。そして約65％は神戸市内で開業しています。ほかは尼崎市、西宮市、姫路市の周辺です。なかには店舗をもたないで、インターネット販売や古本市などの販売を主体にされている人も15人いらっしゃいます。

毎月の組合費は３５００円要ります。加入の恩恵は、毎月4回開催される「市会」と呼ばれる交換会に参加できることです。大量に引き取った本を、店で売ることはほぼ不可能です。また店頭で売りたくない分野の本もあります。さらに在庫として手元に置くには、別途倉庫などを借りることになり、その経費が大変です。そこで不要とする本や重複している本などは、市会に出品するのです。

「古書片岡」などは、この「市会」がなければ、開店して3年も維持できなかったと思われます。現に毎年の売り上げの約70％は、「市会」です。

組合員のなかには、引き取りの連絡が顧客からあっても、引き取らないと決めている店もあるそうです。現に自動車や運転免許証を持たない店主がいます。また「持ち込んで来たら相談に乗ります」と決めている店主もいるようです。

わたしなどは店頭で本が売れるよりも、どんな本と出会えるのかと引き取りの連絡があるほうが喜んでいます。開業して６年経ったいまも商売人になっていないのでしょうね。

（２０１５年10月20日）

【追記】

トンカ書店は２０１９年２月に屋号を花森書林と改称され、かつ店舗も神戸市中央区の元町商店街の近くに移転されました。

建築と造園学

久木綾子著『見残しの塔』

「古書片岡」は開店して、まもなく7周年を迎えようとしています。

開店してすぐのころに、長身にして細身の同世代の男性が来店されました。町内にお住まいとのことで、お宅にも訪問しました。住居は夫人の実家とのことで、1階は10人は座れる広さの書斎、隣の部屋は書庫。2階が生活の場になっている造りでした。

この住居の構造を見て驚き、職業をうかがうと大学で建築学と庭園学を教えておられるとのことでした。書斎の書棚と書庫には目算ですが、建築学や庭園学の専門書が600冊、洋書が200冊、単行本が1000冊、文庫本が1200冊ぐらいと判断しました。そのとき1００冊ほど譲り受けました。

以来、幾度か来店されたり、店の前を行き来される姿を見ていました。しかし最近は姿を見なくなっていました。家の前を通ると、2階に明かりが見えるので、ご縁が薄くなったのだと思っていました。

２０１６年になってすぐに、玄関先を見知らぬ男性が清掃をされているので、わたしの身分とこの住居の主とのご縁を明かして尋ねてみました。返事は「３年前に死去された」とのことでした。70歳だったそうです。

故人とは高校時代からの学友で、この学友氏は東京在住の人ですが、現在神戸の学校で数学を教えるために「夫人の許可を得て、仮住まいをさせてもらっている」「３月末には東京に引き上げる」とのことでした。

わたしはとっさに故人の本の現状を尋ね、書斎と書庫を見せてもらいました。そして学友氏が在神中に東京在住の夫人に連絡を取り「本の処分を任せてもらえないか」、取り継いでほしいと頼みました。学友氏は自らの蔵書の処分に困った「経験がある」からといって、気さくに労を取ってくださいました。

待つこと5日。1月12日に結果を知らせにきてくださいました。

結果は、夫人は現在イタリアに出張中とのことで、学友氏は夫人からの伝言を伝えてくださいました。それによると「遺された専門書は日本建築学会で引き取ってもらうことに話がついている」とのことでした。わたしは本にとって一番活かされる道が用意されていることにホッとしました。

さて「古書片岡」の2016年は、このような幕開けをしました。今年中に1000冊を超す蔵書の引き取りになりそうだと思われるのは、1月現在のところ2件あります。

1件は5年間持ち越している引き取り話です。途中、ご本人が大病されたり、書き込みや線引きの多い本を自ら処分する作業をされているとのことで、中断したままになっていました。

その人の専門分野はわかっていますが、蔵書も多岐に及び、かつ大量な冊数であろうと推察できるのですがよくわかりません。今は、お宅の書斎を拝見するときを想像して楽しんでいます。年賀状に「今年こそは」と書かれてありましたので、年内の引き取りを示唆されたのだと思っています。

もう1件も6年間にわたって、ご縁をいただいてきた人です。これまで整理が進むごとに区切られ、そのつど引き取ってきました。それが3月までには残本を一挙に引き取ることが濃厚になってきました。残本といっても目算で2000冊余はあるという大量です。

さて今年は始まったばかりですが、この1年どのような人と縁が結ばれ、どのような本と出会えるのか。古本屋になったればこそ知り会えた、これらの人たちに感謝をしながら譲られた本たちが、「古書片岡」を通じて、つぎに活かされればよいなと思っています。

それにしても、倒産せずによくぞ持ち堪えられてきたものだと感心しています。

（2016年1月20日）

その日はいつか

高橋輝次・林哲夫著『神戸の古本力』

２０１６年1月に電話が入りました。

若い男性の声で「本が１０００冊ほどあります。見積もりをしてもらえますか」とのことでした。「お近くなら喜んで見せてもらいます。いまからでもよいですよ」

以降は会話の要旨です。

「次の火曜日の13時に来てもらえますか」

「どのような分野の本が多いのでしょうか」

「わかりません。小説類だと思います」

この返答に不審を抱いたので、わたしは探りを入れる質問をしました。

「午前中というのはいけませんか」

「本は別の場所にあり、一度に集まってもらいたいのです」

「一度に集まるとは誰がですか」

「古本屋です。4、5軒に連絡しています。そこで値を決めてもらいたいのです」

「その古本屋はどこですか」

「昼猫堂、☆☆書房、古書◇◇などです」

わたしは1000冊という冊数と古本屋が一堂に会しての値つけの現場に立ち会うことに興味を覚えましたが断りました。

そして親しくしてもらっている先輩の昼猫堂の小嶋泉さんに電話を入れ、相談すると「片岡さんにもありましたか」と笑い、「不動産屋ですよ」とのことでした。わたしは、家を処分する人から売却依頼を受けたか、家財や本を置いたまま出ていった元家主のものを処分しようとしているのだと推測していました。

後日、参加された店主にうかがうと、結果は「本の所有者も立ち会っていた。参加は大阪と神戸の2軒だけで蔵書の内容も大したことはなかった」とのことでした。結果論ですが不参加の判断が正解だったようです。

話は変わります。

本を処分される人、またはその遺族が「大量の本があるのですが引き取ってもらえますか」との依頼はあります。

でも１０００冊前後というのは、何度もある話ではありません。またこの「大量」には個人差があります。これまでの「古書片岡」の経験でいいますと、50冊でも「大量」の領域に入る人もいます。

開業してまだ6年10か月ほどですが、蔵書を処分される人の傾向を紹介してみます。

１件目の例は蔵書家本人が、ご自身の意思で処分されるときの理由は転居や増改築が多いようです。蔵書家は高齢者が多く、介護ベッドを搬入する空間を確保したい、子どもが戻ってくるので部屋を空けたい、などでした。

この人たちの特徴は本に愛着と未練があるようで、すべてを一挙に処分することができず、「これだけは手元に置いておきたい」「本棚のこの列の本は残しておきます」といわれます。引き取りに行き、ご夫人が傍らにいると「邪魔だからこれも持って帰って、これも、これも」といわれます。夫は慌てて引き留めるという光景をよく目にします。

２件目の例は蔵書家本人がすでに亡くなられている場合です。遺族にとっては重たくて場所を取る本は邪魔物扱いです。選別をするなどという余地もなく、「ともかく全部持って帰って」となります。ただ、亡くなられて間のない遺族や、本への理解がある遺族は「亡き人との思い出に繋がるので、この本はしばらく置いておきます」となります。

3件目の例は本の所有者や家族・遺族とも会わないで引き取る場合です。「古書片岡」の場合は、定年退職まで勤めた労働組合の組合員である工務店の店主が昔の誼みで、増改築や家屋の解体を請け負ったときに出る処分品のなかから本やCDなどを持って来てくださる人がいます。もうひとつは町の廃品回収業者の持ち込みです。これら以外は、ご近所の人が紙袋とか段ボール箱に詰めて持って来てくださいます。持参可能な重さですので、冊数はしれていますが、「代金は要らないから引き取って」「本を自分で捨てるのは忍びなくて」といって置いていかれます。いつも使い古した物品と本とは違うのだなと感じています。

（2015年1月20日）

釣り仲間から先生と呼ばれ

田部重治著『山と渓谷』

2015年10月26日に「91歳になる父が釣りの本などを処分するので見てほしい」との連絡を60代の娘さんからいただきました。

「釣り」。もしかしたら、ハウツウものではないかと、さほどの期待をせずにご自宅を訪ねました。広い玄関を入ると、上がり框の側壁に別注の引き戸つき本棚があり、瞬時にわたしの推測ははずれていそうだと思いました。部屋には各側壁に別注の本棚。回り廊下には棚があり、切り抜き帳が納められていて、几帳面な人だとも思いました。

蔵書の多くは渓流釣りの書でした。しかも入門書ではなく、渓流釣りを舞台にした文学書からイラストつき体験記。写真集から魚の生態に関する本格的な専門書などが並んでいました。

さらに、その冊数に驚きました。釣り以外の本は、山深く入り込む渓流釣りゆえに関連する山岳書や植物・草花の本などでした。冊数は釣りの本だけでも約400冊はあると目算しました。見事な収集です。

話をうかがっていると、渓流釣りの釣り人の間では著名な人のようです。わたしは教職者と漏れ聞いていたので、うかがうと「学校の先生の経験はないが釣り仲間の間でなら、先生と言われる資格はあるかもしれない」と、はにかみながら、やんちゃっぽく笑われました。矍鑠として頭脳明晰。この健康体の源はなにかと思ってしまいました。

これまでも釣りのテレビ番組に出演されたり、取材に応じた新聞や雑誌の切り抜き、それに釣り仲間の著書に、序文や跋文を寄せられた本も見せていただきました。ペンネームを公表するのはさしひかえますが、ネットで検索すると詳細な紹介がありました。

「わたしの蔵書には家族は興味がない」という。本の整理は「8年前に亡くなった妻の本からしたい」「釣りの本は釣り仲間に見てもらい優先的に差しあげたい」。残った本は「わたしの死後に、あなたに引き取ってもらう」とのことでした。本好きで「釣りの本だけで6000冊は持っている」釣り仲間ですら、持っていない本があるといって「40冊ほど持ち帰った」と話されました。本にとっては、それが幸せだろうと思いました。

そうなると、釣りに素人のわたしでも、貴重だと思う本は残らないかもしれません。でも残っていれば、店頭に並べる前に読んで渓流釣りの世界を覗いてみようと思っています。

それにしても、あのお宅に引き取りを待つ本があると思うだけで心が豊かになってきます。そんなお宅が現在3軒あります。

話は変わります。

専門の分野に関連してのつづきです。

同世代の人が家を増改築するための整理で本の引き取りの依頼がありました。その本は亡くなられた先代の蔵書で、分野は仏教書と神戸市を中心とする地区の歴史書でした。「古書片岡」の近くにある臨済宗妙心寺派の祥福寺で師家をされていた故山田無文師の著書や、禅宗の経典の和綴じ本も多くありました。不勉強で、この和綴じ本にいかほどの値打ちがあるかよくわかりません。

そこでよく店に来てくださる臨済宗の末寺で住職をされている和尚さんに教えを乞いました。和尚は即座に「これは修行僧などが学ぶための書です。この本を放出された人は僧侶だった人ですか」と問われました。古本屋としてのルールを守るため、あいまいな返事でお茶を濁しました。

さらに常連のお客さんで茶道、陶器に詳しく、在家ですが祥福寺に深く関わられている人がいて、参考に「いかほどの値段が妥当と思われるか」とうかがってみました。すると京都にある仏教書専門店での値段を調べて教えてくださいました。

あとは古本屋としての問題です。わたしなりの思惑で値をつけて店頭に並べました。つけた値が妥当かどうかは判断のしようがありません。そもそも買い手が現れるのか、否か。関心のあるところです。


（２０１６年7月20日）

先生、知っていますか

松浦誠著『スズメバチはなぜ刺すか』

1日5時間、番台に座っていて楽しいのは、やはり来客があることです。それも店頭に出している100円均一のワゴン台だけでなく、店内にある専門的な本を、真剣に探されている人の姿を見ることです。たかだか5000冊ほどの在庫本を、30分も1時間もかけて見てくださっている人がいるときなど、探されている本とめぐりあわれるといいなと思って見てしまいます。

学生とおぼしき人が、民俗学や陶芸の理論書などを熱心に見ている姿もあります。3度も来られたことのある人は、来られるたびに必ず手にされる本が1冊あります。きっとほしいのだと推察しています。1度だけ「安くしますよ」と声をかけると、恥ずかしそうに棚に戻されました。

その本は『近代日本思想大系　柳宗悦集』（筑摩書房）です。こんど来られるまでに値を下げておいてあげようと思いつつ、忘れてしまいます。たんに忘れるだけでなく、ほんとうにほしい本なら、この値でも求められるという思いもあります。だから、その人が意を決して、本を手に番台に来られたら、黙って値引きしてあげるつもりです。その日の来ること、そのシーンのあることも楽しみです。

つぎは小学生です。その昔、源平の時代に兵庫区内の福原地区に都が置かれました。世にいう福原遷都です。近くの祇園神社はゆかりのある神社です。7月に祇園まつりがあります。その期間は屋台が出て浴衣を着た子どもたちが、わが店の前を楽しそうに行き来します。

そんなある日、小学4年生が入ってきて、吉葉繁雄著『フグはなぜ毒で死なないか』(講談社)を手に「この本ほしいな」というのです。値は400円ですから、そんなに高いとは思いません。ただこれから友だちと祇園まつりに行くようすなので、「お小遣いは幾らもっているの」と聞くと「500円」と答えました。そこで「この本はすぐにはなくならないから、先に祇園さんで楽しんでおいで」と送り出しました。そして「あした学校に行ったら先生に、なぜ死なないか聞いてごらん」と余分なひと言をいいましたお客さんにもいろいろいらっしゃいます。

趣味の延長線、生活の糧として、公式な商いではなくインターネットによる通信販売を専門にしている人もいます。売れると思う本や依頼のあった本を、既存の古本屋から買い揃えるのです。たまには古書籍組合の組合員仲間も買いに来られることがあります。専門用語では、この行為を「背取り」といいます。

このネット専門の人の見分けはつかないのですが、それらしき人が2人ほどいます。求められるときの冊数や支払いのときの態度です。最終的には、その本を求められている人に届くことになります。

わたしは古本屋を開業するにあたり、兵庫県公安委員会に申請し、「古物商・書籍商」の許可を取っています。この申請をするまでは、古本屋をするにはこの許可が必要なのだと思っていました。しかし、自らの蔵書を売る行為には「古物商」の許可などいらないことを知りました。

許可を必要とするのは、蔵書を「買い取る」という商行為によるものだそうです。買い取る本が盗難品であったり、親の蔵書を無断で持ち出したものであることが、後日判明したおりの責めは古本屋が負うことになります。だから買い取るときには、身分証明書の提示を求めなければなりません。
いまや、店の斜め前にある顔の知れた郵便局で自らの預金を引き出すときすら、そのたびに求められる証明書の提示には慣れています。だが「性善説」をとるわたしには、店でこの提示を求める行為が苦手なのです。

（２０１６年9月25日）

「古書片岡」テレビ初登場

長谷川義史作・絵『おへそのあな』

毎年、秋になると絵画や版画のグループの作品展の案内状が届きます。その案内状を入口のガラス戸に貼ることでみなさんの活躍を応援しています。わたしも可能なかぎり拝見しに行っています。

また昨年2015年の秋には、1日かぎりの「平野の祇園さんの縁日」が開催されはじめました。若い芸術家たちが実行委員会を結成して、祇園神社と神社の麓にある平野地区界隈を盛りあげようという企画です。昨年は店頭にポスターを貼るだけの協力をしました。「古書片岡」の周辺は、そのむかし奥平野村といっていました。869年に姫路市の広峰神社から京都の八坂神社にスサノオノミコトの分霊を移す途中、その神輿が平野の地で一泊。その記念に社を建てたのが祇園神社です。祇園神社は毎年恒例で7月に8日間の夏祭りを開催します。ふだん祇園神社に近寄ることはありませんが、祭りのときだけは孫たちと楽しませてもらっています。

この実行委員会の代表を務めた若い女性は、礼儀正しく信頼できる人です。昨年も「縁日」が終わったあとに、ポスター掲示のお礼に来られました。当たり前といえば当たり前の行為ですが、やりっ放しではない姿勢に感激しました。

「縁日」は10月16日に開催され天候にも恵まれ、みなさんの努力が実って盛会でした。

話は大きく変わります。

この「縁日」が間近に迫った9月21日にMBSテレビのスタッフ一行6人が五宮神社への道を尋ねに来られました。近畿地方の放送圏内では人気番組である「ちちんぷいぷい」の「とびだせ！　えほん」でした。

ほのぼのとした絵で有名な長谷川義史画伯が、この日は神戸市中央区と兵庫区に跨がる一宮から八宮までの神社を巡るという企画でした。長谷川画伯が目的地をそぞろ歩きして出会った人や風景をスケッチをしたり、会話を楽しむというものです。

そこで店内に飾ってある友人の祖父江俊夫さんが「古書片岡」を描いてくれた絵を「プロに観ていただきたい」と店内に誘いました。そして「番台から見ると店内の光景が違って見えますよ」と座ることをお勧めしました。感想は「コックピットにいるようですね」とのことでした。

その間、カメラマンは番台に座る画伯、見つめる店主、祖父江作品を撮り、カメラマンも番台から雑然とした内部を撮られていました。そのため額に入れた孫2人の顔も収録され、これが後日、反響を呼びました。

最後には長谷川画伯がご自身の帽子とわたしの帽子を交換して被りあったり、握手をするシーンが撮影されました。こうして約1時間を「古書片岡」で過ごし、一行は五宮神社へ向かわれました。

この取材に気づかれた近所の人や通りすがりの人たちに「テレビカメラが入っていましたね」「どこの番組ですか」「絵は貰われましたか」「いつ放送ですか」と尋ねられました。そして逆に「長谷川さんの『とびだせ！　えほん』は木曜日の放送ですよ」「放映は月に一度か、二度ですよ」と教えられました。

友人や常連客に知らせると、女性それも子育て中と子育てを終えた世代にファンが多いようでした。長谷川画伯の作風でしょう。こうして放送日を期待して待ちました。

放送は9月29日で、「古書片岡」でのシーンもあり、準主役的扱いで、わたしの写真集『運南に暮らす人びと』のモノクロ作品に長谷川画伯もディレクターも関心を寄せてくださり、カメラがスタジオに戻ったあともゲストのみなさんが話題にしてくださいました。

放送が終了と同時に15人の友人、知人から電話をいただき、翌日からは多くの人に「観ましたよ」「ふだんの片岡さんそのままでしたよ」と声をかけていただきました。放送圏外の親しい先生、先輩、友人には録画したＤＶＤを送りました。よい記念になりました。

（２０１６年10月20日）

仲間の存在感

豊田正子著『綴方教室』

春に向けて三寒四温を繰り返していた2月下旬のある日、電話のベルが鳴りました。蔵書の処分を考えている人からでした。

会話は「本を引き取ってくれますか。どんな本でもよいのですか」。「どのような分野をお持ちですか。何冊くらいになりますか」と、いつもの応答から始まりました。

豊田正子著『綴方教室』ほか、教育関連書を提示されました。つづいて「いまはまだ、処分する本と残しておきたい本の整理がついていない。また心の整理もつきかねている」とのことでした。蔵書への愛着溢れる物言いに、電話の主に好感を覚えました。「本を活かしてもらいたい」ということを、幾度も強調されていました。

そこで「ご自宅におうかがいしますから蔵書の全体像を見せていただけますか」というと、「恥ずかしい」とおっしゃる。「それでは本と心の整理がつかれてからの連絡を待っています」で終わるはずでした。ところがここで終わらず、「私はなぜ、古書片岡を知っているのでしょうね」と問いかけられました。

電話での会話はつづきます。

「開店当初、店に来ていただいた人には店の自己紹介のようなものを配りましたが」

「姫路方面に住んでいますので、片岡さんの店に行ったことはないです」

と、いうことでした。

電話をくださったのだから、何かを見られているはずです。推察では、海文堂書店のPR誌『ほんまに』に掲載していただいた拙文のコピーをお持ちのように感じました。

そこで、「わたしは25年間、書評誌『足跡』を仲間とつづけていて、姫路方面にも同人がいます。古くからでは岡本さんという女性も活躍されています」

「岡本さんって、中霞城のご主人が塾を開かれている人ですか。私もたつの市在住です。ほかには」

と、聞かれました。

さて教えてよいものか一瞬ためらいましたが、木下さんなら後で何かあっても対応して

くれるだろうと思い、

「岡本さんの紹介で同人になられた木下さんという人がいます」

「名は」

「健一さん、木下健一さんです」

「その木下さんって、神戸大学卒で山陽百貨店に勤めていた人ですか」

「神戸大学卒かは聞いていませんが、百貨店に勤められていた人とうかがったことがあります」

と、いうことになりました。

わたし以上に、岡本さんや木下さんをご存じのようでした。

「片岡さんは、岡本さんや木下さんにつながる人ですね。本と心の整理がつきましたら、連絡します。車もありますので本は私から届けます」

「高速道路代やガソリン代に見合うだけの代金を支払う自信がありません」

「いや、代金をいただこうとは思っていません。本を活かせてもらいたいのです」

で、話が終わりました。

ご本人は名乗られなかったので、うかがいませんでした。わたしから岡本さんや木下さんの名前を出すことに不安を感じましたが、その不安を払拭させる紳士的で優しい語り口調の人でした。電話が切れてから『足跡』の読者だったろうかと思いました。そして同人仲間の「古書片岡」支援に感謝しました。

あれから2か月が経ちました。まだご本人とも蔵書とも会えていません。そんなことはよくあることです。愛着ある蔵書たちと別れる決心がつかないのでしょう。ご縁がなく電話での会話で終わったとしても『足跡』同人の存在感を実感できた楽しいひと時でした。

（2017年3月5日）

野田宇太郎文学資料館

細見和之著『石原吉郎』

作家の多田茂治氏は東京都町田市に住まわれていますが、福岡県小郡市出身で１９２８年生まれです。

多田茂治氏の存在を知ったのは北海道新聞社の「戦後50年の証言」取材班による連載をまとめた『はるかなるシベリア』で、証言者のおひとりとして登場されていたからです。

この『はるかなるシベリア』を読んだことを書評誌『足跡』に雑文を書き、お送りしたことがきっかけになり、親しくしていただくことになりました。お便りだけでなく新著『夢野久作と杉山一族』『満洲・重い鎖』（ともに弦書房）などのご恵贈も受けてきました。

さらにわたしが古本屋を営んでいることを知られた多田氏は資料として収集してこられた本を「活用してください」とお送りくださるようになりました。

こうして２０１６年12月15日に届いた箱には『石原吉郎「昭和」の旅』（作品社）に活

用された石原吉郎の詩集・随筆集や他の著者が書かれた石原論などとともに『石原吉郎「昭和」の旅』の直筆推敲入りの原稿が入っていました。添え状には「片岡さんに託します」との趣旨が書かれてありました。

この原稿はしかるべき文学館に収蔵してもらい、大切に扱われて活用されるべきで、そのような文学館や資料館がないかを考えました。石原吉郎の故郷はどうか、法政大学大原社会問題研究所はどうだろうかなどと考えているうちに、思いついたのが多田氏の故郷小郡市に市立図書館があり、敷地内に野田宇太郎文学資料館が存在したことに気づきました。

２０１２年10月６日から12月９日まで野田宇太郎文学資料館主催で「筑後の文学」展を開催していたのを思い出したからです。ならばと多田氏の原稿の処遇について相談すべく電話をしました。資料館では「郷土ゆかりの人たちの作品を収集していますので喜んで寄贈をうけたい」とおっしゃってくださり、数日後に渡邉恵学芸員から連絡がありました。

多田氏にも、ご了解をいただき原稿『石原吉郎「昭和」の旅』は納まるべきところをえました。

精神的に満たされた年の瀬を迎えた某日。

京都造形芸術大学の銅金裕司教授が「古書片岡も紹介されている新刊書がありますよ」と持ってきてくださいました。

その本は小山力也著『古本屋ツアー・イン・京阪神』（本の雑誌社）でした。氏の目にかなった老舗や斬新な活動をする古本屋は見開き2頁で紹介されでいました。「古書片岡」はその枠には入らなかったのでしょう。14行での紹介でした。短いので小山氏と出版社の許可を得て、全文を転載させていただきます。

平野商店街から東へ向かうと見つかるクラシックの流れる小さなお店。外見から普通の古本屋さんと思いきや、かなりのド硬派！。炭坑・労働運動・水俣病など丁寧に集め、ギュッと並べている。そんな棚が連続するので店主は厳しさ溢れる正義の社会闘士と思いきや、超フレンドリー。お店に入った瞬間「いらっしゃいませ。よくお越しになりました」。本を渡すと「見つかりましたか。良かったです」。揚げ句に「雨の中お越しいただいたので1500円と書いてありますが、1400円で」。帰る時には「またいつかお会いいたしましょう」と来る。素敵！

と、ありました。

さらに4日前にテレビ東京の担当者から電話があり「1月20日放送の『たけしのニッポンのミカタ!』で神戸の元町高架通商店街(愛称モトコー)を取り上げます。取材中に片岡さんの写真集『高架下商店街の人びと』を知りました。番組内でその写真作品を使わせてもらえないでしょうか。番組編成上、採用しないかも知れませんが」というものでした。

近畿圏内ではテレビ大阪で放送とのこと。承諾し番組を見ていると商店街内のギャラリーで展示されていた「胡座をかいて新聞を読む老店主」の1点だけが映し出されました。

(2017年1月30日)

人と本との出会い待つ

荒川洋治著『黙読の山』

２０１７年の春は、日差しは春になっているのに気温が低い日がつづきました。また気温があがっても風が強く、体感温度があがらない日が長かったです。それでも桜の季節は確実に訪れ、神戸市内では4月12日ごろから満開になりました。

そんな12日。学校帰りの女学生が「おじさ～ん。わたし高校生になりました。姉も大学生になりました」と入ってこられました。もちろん、お祝いの言葉を述べたあと「その制服はどこですか、お姉さんは家から通学できる大学ですか」などと話し込みました。合格、入学もですが、そうやってわざわざ伝えにきてくれるのはうれしいかぎりです。

その女学生の高校は、京都にある某大学系の学校だったので「そのまま大学に進学することができるのですか」と聞くと「それはわかりませんが、わたしは国立大学をめざします」と自信たっぷりに語ってくれました。がんばってほしいと思いました。

この日は、午前中に京都市在住の東川絹子さんから自宅に電話があり、『足跡』122号・123号の感想を、ご自身の読書体験を重ねて熱く語ってくださいました。気分爽快かつ高揚して店に出て番台に座りました。

すると14時過ぎに「いま三宮、これからそちらに行く」という、予告電話が高槻市在住の奥本健一さんから入りました。4か月ぶりの来店です。いつものように奥本さんに番台に座ってもらいながら、ご自宅の周辺のこと、旬の筍の育成状況や短歌・俳句の蘊蓄や共通の友人の健康状態などをうかがいながら話し込んでいました。

来客ゼロの日が月に4回ほどある「古書片岡」ですから、これまでも奥本さんが来てくださった日も2〜3時間来客がなく、ゆっくりと語り合えることが多々ありました。

しかし、この日はちがいました。

まずは最近、近所に転居して来られた青年が来店されました。神戸文化ホールの音響係として就職。ホールの山側にあたる平野地区に住居を決められ、近くにある臨済宗の禅道場である祥福寺に興味を持たれたようで関連書を探しに来られました。わたしたちのやり取りを聞いていた奥本さんは「さわやかな好青年ですね」と感心されていました。

つぎは兵庫区南部、造船の町で食料品店を営まれている六條進・敬子夫妻が「宇治川の桜並木を見に来たついで」と寄ってくださいました。敬子夫人は先日、テレビ出演されていて画面を通してお会いしたばかりでした。そんな会話もしながら再会を喜びました。桜の期間中は無料開放している神戸市立水の科学博物館に行かれることをお薦めしました。

さらにいつも読み終えた最新刊の文庫本をくださる関西学院大学商学部教授で、ドイツ経済論がご専門の深山明さんが来てくださり、「いよいよ退職です」と、さわやかな笑顔、さっぱりした声で語りかけてこられました。

大学の研究室の約4000冊の本は、すでに「大学の図書室に戻したり、学生たちにあげたり、処分したりした。それでも段ボール箱10箱ほどは持ち帰りたい本がある」「自宅の本を処分しなければ入らない。持ってきます」といってくださいました。

こんなやりとりを見て奥本さんは「これまでに見たことのない盛況ぶりですね」と笑って、16時前に帰宅の途につかれました。

このあとに冒頭の女学生がきてくれました。女学生に関する話がつづきます。

親しく話をしながら、この女学生の名前はもちろん、どこのどなたかが思い出せない不安にかられました。話の内容からして、姉妹そろってご縁があるようです。

この不安を解消しようと数日後、学校帰りにお会いできたので勇気をだして聞くことができ、すっきりしました。

（2017年4月20日）

「古書片岡」８周年

川勝政太郎著『石造美術の旅』

探求書の依頼を受けると「心がけておきます」と古本屋はいいます。それはお客さんを引きつけるための常套句です。入荷する可能性は極めて低いものです。

８年の歴史しかない「古書片岡」も、曲がりなりにも古本屋です。引き受けたかぎりは探してあげたいと思います。こんなとき古本屋はどうするか、まずは業者間の市会に出品されていないかを見ます。業者仲間に声をかけ探求網を広げます。

そんな探求書の話です。

２０１７年になってから「庭師です」と名乗られる49歳の上甲哲也さんが来てくださるようになりました。話を聞いていると、師匠の技を盗みながら仕事を覚えているのだが、師匠との雑談のときに出てくる本がある。その本を探しているが、造園の専門書であり昔の出版なので見つからないというのです。

わたしは定年までは建設業で働く人びとの労働団体で働いていましたので、建築や住宅に関する本は関心があり、棚にも差すようにしています。その人の探求書は川勝政太郎著『日本石造美術辞典』でしたが在庫がありません。「ほかの古本屋で見つけたら躊躇せずに買ってください」と伝え引き受けました。

もうひとりは、臨済宗妙心寺派の禅道場・祥福寺で修行をされている50代の僧侶です。電気関連の仕事をされ、人づてですが海外勤務の経験もある人のようです。禅への関心が高じて妻子を残して、東京から入門してこられたとうかがいました。

探求書の依頼はうけていませんが、わたしはこの人に関心をもっています。禅に近づかれた年代、その動機、禅のどこに魅せられたのかについて知りたいと思っています。興味本位に近い関心ですが、聞いてみたいものです。8月3日には修行を終えられ、東京の寺に戻られるとの情報を得ました。『足跡』の読者になっていただけるのなら、戻られるという寺名と住所もうかがいたいと思っています。

そのほかの人からも口頭で「入荷したら取り置き」と依頼されている人がいます。その多くが専門的な本、著者の初期作品だったりして難しいのです。さらに大量に発行されているのですが、石坂洋次郎や今東光などの小説です。これらは、いまの時代あまり求める人が少なく古本屋も注目しないので店頭に出ることなく処理されている可能性が高く難しいのです。

それでも入荷することだってあります。

1年ほど前に『『ドイツ史』(山川出版社)を探している」と依頼を受けました。探す苦もなく昨年の暮れにはほかの雑本に交じって入手しましたが、連絡を怠っていました。ところがその人の夫人が4月に亡くなられ、「お別れの会」に参列する折に持参しました。悲しみにくれる喪主のご本人に式場でお渡しするわけにはいかず、受付をされている人に「すべてのことが終わって、落ち着かれたらお渡ししてほしい」と託してきました。

こうして、遅まきながら1冊の本が必要とされる人のもとに届きました。後日、ごていねいなお便りが届きました。

探求書の相談に来られた人のなかには、わたしが作者や著者を知らない人もいます。作品名もです。どんな漢字を書きますかと教えを乞うこともあります。そうなると、その本を見てみたいと思います。

そんな1冊を挙げるとしたら社会思想社刊の『江戸の戯作絵本　3の続1』です。教養文庫かも知れません。これまで数多くの社会思想社の本を扱いましたが、「古書片岡」を通過しなかったと思っています。扱えば記憶の隅に残っているものです。

もう1冊は加藤周一著『日本文学史序説』です。いまや『加藤周一著作集』やちくま学芸文庫にも収録されているので入手は難しくないのですが、この人は布張りの特装版を求められています。そうなると至難です。

まぁ、人ともですが本とも出会いがあり、タイミングがありますね。不思議でもあり、楽しみでもあります。

（2017年7月2日）

三池爆発事故　不起訴に関する質問

浦川守著『人生切抜帳』

２０１７年は三井三池炭鉱閉山20周年にあたり、５月、６月に大阪で三池炭鉱労働組合の組合員や主婦会の会員だった両親をもつ、すでに多くが60代になる関西在住の子たちが中心になって「炭鉱の記憶と関西―三池炭鉱閉山20年展」が開催されました。

とくに「エル・おおさか」での開催は２年前から開催の経費を賄う支援金募集活動から始められていました。その先頭に立って取り組まれたのが、『異風者からの通信』の編集・発行人の前川俊行さんたちでした。

わたしは5月5日に妻・娘・孫の親子３代４人で訪ねました。わたしがこの「20年展」に協力できたことといえば、兵庫県伊丹市で市会議員をされている大津留求さんの亡き父上の宏様の蔵書のなかから預かった三池闘争前後の生資料や印刷物を前川さんに託しただけでした。

それなのに会場では前川さんの配慮で三池労組の関係者のように紹介されていて、面映ゆくも光栄に思いました。その会場で出会ったのが、40年ぶりの再会となった元三池労組書記次長の立山壽幸さん（82歳）でした。

前川さんの『異風者からの通信』73号は、7月1日に発行され内容は「特集・20年展」でした。インターネットでも読めます。

それによると開催期間中に会場に訪れた人は1906人。三池炭鉱で働いていた人、その親を持つ人、1959年からの三池労組員を標的とした1200人もの首切り反対闘争を繰り広げた三池闘争の支援に全国から馳せ参じた人、三池炭鉱も大牟田市も知らない若い学生たちが訪れ、熱い眼差しを注いでいたと報告されています。またマスコミにも取り上げられ、西日本新聞は4日間にわたって連載を組んでいました。

また来訪者に前川さんがインタビューし、そこで語られた人たちの三池炭鉱や大牟田市への想いや声が全編に収録されています。

6月中旬になって、先の立山さんから連絡が入りました。用件は「あなたに400冊ほどの蔵書を託したい」とのことでした。わたしは単に本だけでなく、三池労組に関連する資料や物品などもあり、それらを目にすることだけでもできたらと、7月14日に大阪府堺市のお宅にうかがいました。

部屋に通されたわたしは挨拶もそこそこに本棚を一瞥し、すぐに本の箱詰め作業に入りました。そして思いは前川さんが保持していないだろうと推察できる本・物品を捜し求めていました。立山さん宅に滞在すること約3時間、立山さんから初めて目にする本の著者と三池労組との関わりなどをうかがいました。

書名からは三池炭鉱や三池闘争を連想できない本にも、なんらかの関わりがあることがわかりました。そんな本でわたしが初めて知った著者や書名を、つぎに書いておきます。藤沢孝雄著『三池闘争と私』、田原総一朗・清水邦夫著『愛よよみがえれ』、今井孝三著『石炭』、久保田武巳著『日本の黎明と三池藩』、浦川守著『人生切抜帳』などがあり、また記念品では三池炭鉱労働組合結成30周年の飾り楯をいただきました。

12歳先輩の立山さんは三池炭鉱を離職後、阿久根登参議院議員秘書、日本労働組合総評議会（総評）全国オルグとして大阪に赴任されていたので共通する知人がいます。その人のその後などもうかがえました。わたしの方からは小島恒久先生などの近況をお伝えました。もちろん三池闘争から57年が過ぎていますので逝去された人も多くいらっしゃいました。

その日ははやるこころを押さえて、箱を店舗に収めるだけにして、翌15日から喜々として整理・分類に励みました。重複する本、前川さんが所有していないであろうと思われる本は前川さんに送りました。

こうして「三池閉山20年」の余韻も落ちつきました。

暑い暑いひと夏を過ごし、「暑さがやわらいだら本の整理を始めますので、後日連絡します」との電話を幾人からかいただきました。店の方は7月下旬から夏休みに入った孫の守りで臨時休業したりしていました。7、8月は来店者がほとんどなく、お買い上げくださった人は、7月は8人で2800円、8月は4人で1300円でした。

（2017年9月16日）

国家試験合格に喜ぶ

高橋治著『名もなき道を』

２０１７年10月３日の15時過ぎに電話が入りました。「いま長田区の古本屋さんにいますが、これから自転車でそちらに行きたいので待っていてください」とのことでした。待つこと約１時間。その人は元町商店街にあった海文堂書店がらみで親しくなった人で、共通する知人がいて気兼ねなく話し合える人です。学習塾の講師をされていると聞いていましたが、それ以外の詳細は存じません。

ひさしぶりのご来店ですが、いつものように自信に満ちた冷静沈着な話し方でなく、興奮気味のように見受けられました。どうされたのかなと言葉を待ちました。

すると、これまで黙っていましたが、と前置きされたあと、「塾講師で生計を立てながら長年、国家試験に挑戦していて今年度にやっと合格しました」と切り出されました。その国家試験とは司法試験だそうです。

まずはお祝いの言葉を述べてから、しっかりと話をうかがいました。

今後については、年金を受給されている歳なので「既存の法律事務所に、いそ弁（居候弁護士）としても入れず、1年間の研修を終えたら、三宮周辺で事務所を開設するつもりです」との由。そして3年間ほどは専門を設けず、どんな依頼も受けるつもりだし、国選弁護もするとおっしゃいました。

そして堰を切ったように、合格を知った経緯、その時の興奮状態のまま新幹線に乗って東北の栗駒高原駅で夫人に迎えられ自宅に辿り着いたこと、その夜はお互いに一睡もせずに語り合い夜明けを迎えたこと、東北大学の恩師からお祝いの連絡を受けたことなどを話してくださいました。

それを聞きながら、自身のことのように嬉しくなりました。

いまは「好きな読書に身が入らない」と、おっしゃるので、「ゆっくりされて研修に入るまでに温泉旅行でもされたらどうですか」といいました。「でも何か本を持っていきたい」とおっしゃるので、司法試験を題材にした小説、高橋治著の『名もなき道を』をお薦めしました。この小説は司法試験に失敗しつづけ自殺する人の物語ですが、目の前のお客さんは、合格され意気揚々とされている人なので、差し障りがないであろうと判断しました。

それにしても、ご自身の喜びをあんなに素直に知らせにきてくださるなんて、古本屋冥利に尽きるのではないかと思いました。

先の話で、夜遅く故郷の最寄り駅に出迎えられた夫人との再会の場面の語らいなどは、想像するだけでもこころ温まる描写でした。その夜、わたしも妻にそのお客さんのことを伝えました。

帰られる直前に「持ちたい専門分野は労働問題、労働行政だ」とおっしゃるので、「その分野を得意とされる弁護士が姫路市で事務所をもたれているので、いずれ機会があればご紹介だけでもしましょうか」と伝えておきました。

そういえば2日前、東京都港区で「うしごえ行政書士事務所を開設」の案内はがきが届いていたのを思い出しました。事務所を開設されるのは牛越（李）国昭氏です。

お会いしたことはありません。つながりは東京都在住の佐藤礼次さんの祖父・村上千代吉氏が国家的任務として、１９２６年から31年におこなった中国東北部や大興安嶺ほかの調査活動を綴った村上手帳を研究し纏められた『潜入盗測』の著者として知る人です。

この人も45年生まれの同世代。いただいた「はがき」には、今後の抱負として「中国―アジアの人たちに寄りそって、拓いていきたいと思います。入管―国際行政業務を中心に、他の分野も手がけていきます」とありました。

弁護士。行政書士という職業も、健康であれば定年のない仕事です。60代、70代で始められる困難はあるのでしょうが、どうか、自らの信念に基づいた指針で、社会の弱者の味方になって活躍されることを祈っています。

（２０１７年10月16日）

未練を断ち切れるか

陳舜臣作『笑天の昇天』

みなさんのお力添えで「古書片岡」は今年2018年5月1日で開業9周年を迎えます。開店準備で店内からワゴン台やら移動式本棚を店頭に出しているとバス通りの向こう側から3歳の坊やが「おじいちゃ〜ん」と呼ぶ声がします。誰にと思って振り向くと、わたしに向かって手を振ってくれているのです。そばにいる母親と祖母はお客さんです。知らぬ人から見ると坊やの祖父に見えるかも知れません。わたしも手を振って見送りました。

そんな光景を見ると、12歳と5歳の孫を思います。上の春道は野球に情熱を燃やし寄りつかず、下の花大《はなた》はひとりで来られません。でも来ると店で表紙に車や列車がある本を見つけては、ひっぱりだして遊びます。

今年もどんな人と本に出会うでしょうか。

本を整理するという行為にも、人それぞれの悲喜交々があります。大量の蔵書は、本人なら愛着と未練がつきまとい、遺族からは邪魔物扱いで送り出されるのが常です。

昨年の11月と12月に、60代から80代とみうけられる人からの引き取り話が5件持ち込まれました。そこで人それぞれの整理模様を紹介します。

おひとりは自由人の雰囲気を醸し出している人です。「ともかく今ある本を処分しないと次の本が買えない」「今回は早川書房や角川書店のミステリー作品を処分する」とのことで2週間後に130冊を引き取りました。

もうおひとりは電話での依頼です。

元大学教授で言語学を軸に民族・民俗学や動植物・魚類の分布にも研究の幅を広げられています。「高齢で見切りをつける時期にきた」。だが「まだ愛着と未練がある。こころの整理ができたら連絡します」とおっしゃるのです。

わたしは単刀直入に「亡きあとに子息にでも処分を託す方法もありますよ」と伝えると「その対象者がいない」との由。蔵書を拝見しましたが目算で1万冊弱、約半数が英語文献の原書でした。わたしは次の読者を得る自信のないことも率直に伝えました。

もうおひとりは「亡き父の蔵書」との連絡があった人です。亡父は映画ファンだったようで映画関連書・雑誌が一部屋を占拠していました。映画作品の紹介を地域のタウン誌に掲載されもしていました。その連載が編集され『わたしのシネマ散歩』として出版されていました。

訪問時に整理の方向性、不要本の絞り込みをしました。さて整理ですが、ご子息夫妻は文学書や映画本を「分野ごとに一括して収蔵してくれる公的施設か、熱心な個人を紹介してほしい」というのがご希望でした。わたしの思いつくのは図書館ですが、最近では多くの図書館も収蔵力が限界で、余程の本しか引き取りません。また専門分野の施設では、すでに所蔵しているであろうと見込まれる蔵書群なのと、インターネットに趣旨と希望を明記して希望者を募る方法もあることを伝え、約３００冊を引き取らせていただきました。

さらにおひとりは高校の教諭を定年退職後に大学の教壇に立たれた人でした。大学の先生の蔵書の特徴は全集物も専門の巻だけしかないことが多く、古本屋としては扱いに困るのです。その例にもれず、１９７０年前後の本と歴史の定期刊行雑誌が多く、かつ傷みが激しかったので引き取りを遠慮しました。

さらなる人は友人の友人で「３階、２階にぎっしり本がある。古本屋が要らないと思う本も全部引き取ってくれるのなら代金は要らない」「夫が手放すのを躊躇しているので、いますぐというわけにはいかない」との依頼でした。高齢で資源ゴミ置き場に持ち込むのも大変とお聞きしたので、わたしは交換条件を承諾し連絡を待つことにしました。

18年1月10日現在、まだ連絡がなく、夫君の了承がでないのだろうと思っています。ですが蔵書の分野の確認と冊数の読みだけでも早くさせてほしいと申し込みました。「遅くなると、引き取る前に当方がくたばっているかもしれません」とも伝えました。

これは実感で本は重いんです。

それでも引き取り話が入ってくると喜々として、そのお宅の書斎、書庫で蔵書群に引き合わされるのが楽しみなのです。引き取りができなくなったとき、引き取った本を整理できなくなったときは廃業です。

（2018年1月20日）

1日1000円の書斎

坂本一敏著『古書の楽しみ』

2018年5月で「古書片岡」は開店9周年を迎えました。9年もつづけていると楽しいことや思わぬ出来事が起こります。ごく最近では4月22日の日曜日に40代中頃の女性が来店されました。

そして「古本屋になる夢を持っています」と語り始められました。わたしの好きな話の分野です。公安委員会への「古物商」許可申請の書類を貰ったが商売を始める決断がつかず提出できなかったというので、この人の本気度が伝わってきました。

そこで古本屋への思いをお聞きし、わたしの経験談も語り、生活費を稼げるようにはならない時代であることを説明しました。お勤め先は銀行で土・日・祝日は完全に休み、お住まいは「古書片岡」から徒歩15分の町にお住まいという。話ぶりも、立ち居振る舞いも信頼できそうだと判断することができました。

それでわたしから「それではお休みの日に、わが店に来て番台に座られ古本屋の見習い体験をされてはどうですか」と提案しました。古本屋の現実を伝えるには体験が一番です。好きなことでも生活が成り立たないことを実感されると思ったからです。それでも古本屋になりたいと思われるなら本気でしょうから、女性店主の同業者を紹介しようと思いました。

すごく喜ばれ22日当日に約2時間、店番をしてくれました。次回は4月29日の日曜日で開店時間から番台に座ってもらいました。

古本屋を開業したいというお客さんがらみの話題をもうひとつ。

常連客に障がい者施設の理事をされていて文学の知識が豊富な60歳の人がいます。この人が「妻の許可が出たので古本屋を始めたい。可能なら古書片岡の近くで開店したい。協力してもらえますか」というのです。

古本屋は軒を連ねたほうが相乗効果がある商売ですので、その計画をお聞きました。

10年前、わたしが「やまだ書店」店主・山田恒夫さんに教えていただいたことへの恩返しです。もちろん店舗の契約、店舗内外の設備、屋号の決定、地元警察署を通して公安委員会への「古物商」申請、古書籍商業協同組合への加入など幾多の準備が必要です。

それらは手順を追えば2〜3か月で進められますが、わたしが心配するのは開店後の厳しい経営状況です。本が読まれない現在、赤字経営は火を見るより明らかで、3年間ほど赤字続きでも店を維持できるだけの資金が確保されているかでした。開店してすぐ廃業では、むだな浪費というものです。

その人は4月下旬現在、貸店舗の確保にてこずり開店に至っていません。年金生活者で稼がなくてもよいとのことですので、開店されたら、大いに楽しんでほしいと思います。

話題が前後して変わります。

2月11日に50歳前後の女性が「雑誌『暮しの手帖　第2世紀』のバックナンバーを探しています。花森安治さんの文章を友人と学びたいと思っています」と来店されました。そこで「お急ぎでなければ処分予定の人を知っています。気長に待っていてください。その間に他店で見つけられたら当店に遠慮せず買い求めてください」と伝えました。

わが店の存在は、小山力也著『古本屋ツアー・イン・京阪神』で知ったとの由。そこで小山氏の紹介と来店されての雰囲気に乖離はありましたかと問うと、「文章のままです」

との返事が戻ってきてうれしくなりました。

そんな関わりを体験した2月中旬に、全国の古本屋が加入する全国古書籍商業組合連合会が発行する『全古書連ニュース』の編集者から電話が入りました。

用件は次号で各県組合が発行する『ニュース』の特集を企画しています。片岡さんたちの「書評誌『足跡』を別枠で掲載したい」、ついては「『足跡』創刊や発行にまつわる経緯や課題を1000字前後で書いていただけませんか」ということでした。その紹介文が掲載された『全古書連ニュース』463号が3月11日に届きました。

（2018年4月29日）

本好きの舞台

佃實夫著『わがモラエス伝』

4月に「古本屋を開きたい」と相談に来られた60代の男性、40代の女性のその後です。男性は中村司さんです。「古書片岡」周辺で開店を希望されていましたが空き店舗がなく、1㎞ほど離れた地区で8月に開店できることになり、準備に忙しくされています。

女性は開業に至るには難しいとの感触を得ました。それでも4月28日に「古書片岡」の番台に4時間ほど座られ、古本屋体験をされました。当初は月に1～2度、座りたいと希望されましたが、1度で納得されたようです。

古本屋の厳しい現状を思い知るには、体験が一番です。そのときの申し送りは売上金・釣銭を入れる箱の所在、強盗が来た時はすべてを放置して逃げること、地震が起きた時は古い建物なのですぐにバス通りの方に逃げること、電話があった時はメモしてもらうこと、最後に雇用関係はなくバイト料もないこと、店内や店への道中での事故・災害の被災には

「古書片岡」は対応できないことでしたが、それも終わりました.

本好きにもいろいろな人がいます。

若いころ本に親しんだ高齢者は読書への意欲をなくされません。目の衰えがなく、体力の許す人は散策を兼ねて、来店され話し込まれていかれる印象的な男性が3人もいます。

元教員、元警察官はともに80代後半、もうひとりは職業不明の人です。

元教員氏は買われませんが、大学で教えを乞うた教授のことや知的生活環境で育ったことや読んでこられた本についての話をされ、ご自身で満足して帰られます。わたしは終始、聞き役です。

店を出られるときは毎回、「本を見て癒されました」といい、神戸市中央区の「うみねこ堂書林」の店主・野村恒彦さんと「片岡さんの雰囲気がよく似ている」とおっしゃいます。わたし自身はよくわかりませんが、そうかなと思いつつ聞いています。

元警察官氏は気になる本が見つかると買われます。神戸市内の警察署の内勤務を最後に定年退職をされたそうですが、お話は神戸のその昔のことが多いです。

現役時代は、多くの本を読むことができなかったとのこと。ご自宅がさほど遠くなく、帰り際にいつも「一度、拙宅でお茶でも飲みながら本談義でも」と誘ってくださいます。蔵書も見てみたいし、お話も聞いてみたいので、いずれおうかがいしますと伝えてあります。

とくに興味を覚えた人は、職業不明の同世代の男性です。6月に来店されたとき「手作り雑誌を年に3号ほど発行しています」と、話はじめられたので最新号を見せてもらいました。

その号は「東日本大震災・原発特集」で、それらを扱った硬派、軟派の漫画本の書誌を編んだものでした。漫画本が専門で、次号の特集は「離島」との由。「銭湯や浴場の特集はいかがですか」と水を向けると「まだ1冊に纏めるほど収集できていない」とのことでした。つぎの号ができたら見せていただく確約を取って別れました。

本に関連しない畑違いの相談を受けるときもあります。

土地が借地で立ち退きを迫られ困っているというのです。土地の所有者が変わり、退去せよと迫られているというのです。そこでおひとりには40年来、ご縁のある弁護士を紹介しました。

あとのおふたりは、受け入れざるを得ないと思われていたので、手頃な町内の借家を紹介しました。すべてが納得のいくようには運ばなかったようですが、「不安なときに相談に乗ってくれて」と感謝されました。

そのような話なら、10年以上も前に遡る相談もあります。兵庫区南部の西出町で木造船の工作所がありました。いま、その建物を活用して町起しの活動をしているという、40代の青年が「図書館で写真集『造船の町と人びと』を知りました。話をうかがいたい」と6月26日に来られました。

六甲山の間伐材を活かす仕事の傍ら、地域の昔を記録していきたいので写真を活用させてもらいたいとの由。写真集を発行して14年、新たに活かされそうで喜んでいます。

（2018年7月26日）

２０２４年４月30日はXデーか

庄野英二著『木曜島』

60歳の中村司さんから古本屋開業の相談を受けていましたが、２０１８年10月26日にめでたく開店されました。この日は「愛する妻の誕生日」とのこと。屋号は「ナカムラ文福堂」、住所は神戸市兵庫区荒田町４の１の８です。

中村さんは文学・文芸・小説やＬＰレコードの分野に造詣が深く、漫画の世界にも知識が豊富です。開店すぐにはそれらの品揃えは難しいかもしれませんが、２年も経てば棚に特色が出てくるものと思われます。店の存続はそれらに見合う顧客がつくか、否かです。生活費を稼がなくてもよいという強みを活かして長くつづけてほしいものです。

それにしても、この夏は異常な暑さで来店される人はほぼ皆無に近い状態でした。

その８月に「断捨離の一環です」「部屋を整理したい」「改修工事をする」ので来てほしいとの連絡が５人からありました。そのうち９月下旬までに引き取ったのは３軒です。某短期大学英文学部の元教授と詩人の夫妻、美術と理科の元教師夫妻、もうひとりは大企業の技術屋さんだったようです。

引き取った本は西村孝次著『文学の裏窓』プラトン著『ピレボス』、天澤退二郎著『宮澤賢治の彼方へ』、井上静著『宮崎駿は右翼なんだろう』、中原佑介著『ヒトはなぜ絵を描くのか』、正木晃著『現代の修験道』、塩見鮮一郎著『中世の貧民』など。また1990年代に連載の漫画本が約1200冊・CDが約400枚と大量にありました。その間にも3人から持ち込みもありました。

いま連絡待ちは長野県上田市から戦後すぐに児童書専門の出版社を興された人の蔵書の一部。父上の地方史・誌の整理という明石市の人、父上の洋書も含む堅牢な美術書を処分されるデザイナーという神戸市の人などです。

さらに昨年の11月に祖父・父上2代の蔵書を引き取った人から再度連絡がありました。几帳面な人で分野別一覧表を送ってこられました。今回は映画、文楽、歌舞伎などの書籍や開催パンフ・ポスター類との連絡でした。

さて引き取ったこれらの本が、つぎの読者が得られるか否かは未知数です。それは売り値が高いとか、低いとかの問題でもないのです。

この夏季の売り上げは恥ずかしながら、6月が2800円、7月が2600円、8月が3万3950円、9月が2万1270円でした。開業以来、相変わらずの低空飛行でした。売り上げは低くても必要経費は店舗家賃、組合費、光熱、通信費で毎月約4万5000円プラス仕入れ費、車の維持費も要り、総計7万円前後になります。困ったものだとしても番台の席を温めているしかありません。

開店前の妻との会話です。13時前に「行ってきます」「どこへ、何しに行くのですか」「もちろん店や。行列ができているかもしれない」「そんなことあるわけないでしょう」「もちろん、ない。ワープロ遊びをしに書斎に行く気分やね」と、玄関を出ます。

こんな営業状態ですから開店時に退職金から開店準備と運営資金として貰った400万円と追加の20万円が、9月30日現在35万4878円になってしまっています。開店10周年を目前に「風前の灯火」状態です。ですから「ぼちぼち廃業を考えようか」と妻にいうと「古本屋をやめたら、ボケるから続けたら。費用はなんとかなるよ」で会話は終わります。この妻のおおらかな支えで、わたしも「古書片岡」も持っているのでしょう。感謝です。

それに廃業するにも資金が要ります。人間の葬式と同じです。開業15周年の最終日は2024年4月30日です。なにごとにも追い詰められてからではなく、余力を持って実行するのがわたしの方針ですので、いまの健康状態が維持されていることを前提によい頃合いかもしれませんと思いはじめていますが、どうなりますでしょうか。

（2018年10月13日）

めぐり巡って

後藤明生著『笑いの方法』

みなさんは「古物商」にどんな印象を持っているのでしょうか。

「古物商」にもいろいろな分野の物品を扱う商いがあります。ここでは古書店・古本屋といわれ、本を扱う古物商にかぎります。わたしはこれまで知的好奇心の強い人、学歴にかかわらず教養のある人という見方と、会社勤めにそぐわない人、うさん臭い人という見方の双方をもっていました。

誤解を恐れずにいえば、ひと様が要らなくなった物、事情があって所有できなくなった物を買い取り転売する。それも買い取るときに、その人の足元を見て安く買い叩くとの先入観がありました。どうなのでしょうか。

その「古物商」に、わたし自身が定年退職後になりました。地元警察署の生活安全課に申請書類を提出し「県公安委員会」の審査を経て許可が降りてきて、なれるのです。

小さな店舗の番台に座っていると、幼い子どもたちから「本屋のおじさん」と呼ばれています。本屋のおじさんか、悪くないなぁと思いながら、新刊書店の経営者とはイメージが違うだろうなぁ、と思ったりもします。

お宅を訪問し処分される本の査定をするときに、冒頭のことが頭をかすめます。処分される側は「より高く」の心情が働いていて、査定金額を高くしても「より高く」「ほんとうはもっと高く査定する古本屋があるのでは」と思われているように感じます。だから金額をいう瞬間がいまも苦手です。なかには「処分を手伝ってくれてありがとう」と感謝され、代金を受け取られない人もいます。

また即刻、資源ゴミ行きの本は引き取りたくないのですが、可能なかぎり引き取ることにしています。とくに高齢者でゴミ捨て場に持ち運ぶのが困難な人だとなおさらです。わたしは「もっといい値をつけてほしかったけれど、処分をしてもらえたからなぁ」と思ってもらえるとよいと思うのです。

その引き取り話で、わたし自身がおもしろいと感じた最近の出来事を紹介します。

9月に言語学を研究されていた大学教授宅で蔵書を下見しました。ご本人はすでに亡くなられていて、夫人は「大学教授の息子に相談してから後日連絡します」とのことで、店の案内文を渡して帰りました。それから1か月が経っても連絡がなく、蔵書の置き場に困るお宅ではないので、決断が遅くなっているのだろうと思っていました。

そんな10月中旬のある日「垂水区周辺で古本屋を探したがない。言語学の蔵書を引き取る店を知らないかといわれたので、片岡さんを紹介しておきました。いずれ連絡があると思います」とのことでした。

その依頼者のことをうかがうと、詳細は知らないといいつつ「言語学・垂水・父上の在職された大学・子息が教授をされている大学」のキーワードがぴったりと合致するのです。その人の名前は教えられなかったので、同じ故人の遺族か、どうかはわかりませんが、わたしは同一人物と推測しました。違っていても楽しいではありませんか。

「古書片岡」は孫守りで、いまや不定休状態になっていて、かつ13時からの短時間営業なので、先の夫人が連絡をしてくださったが通じなかったのかもとの思いと、「古書片岡」ではダメと子息が判断されて違う古本屋を期待したのかもしれないなとも思いました。

兵庫県内には古書籍組合に古本屋が約70店あり、組合未加入店もあります。なのに、このお宅の近所の元大学教授夫妻の紹介とは別に「古書片岡」を紹介されるという偶然が重なったとすると愉快です。もしそうなら、めぐり巡って「古書片岡」に行き着き、それを知った子息や夫人はどんな思いになられているか、知りたいものです。
11月20日現在まだ連絡がありません。さて、どのような処理をされ、どんな結末になっているのか、兵庫県内の古本屋を選ばれたとするなら、その推移はいずれ明らかになります。興味深く見守っています。

（2018年10月30日）

ファン現れる

藤本義一著『洋酒紀行』

２０１８年11月5日のことでした。

午前中は通院。内科で血圧脈波検査を受けました。

結果は「実年齢相応」でした。検査結果が出てきたとき「2年ほど前の検査では歳相応とでました」というと、検査技師は「歳相応」に反応されニコリと微笑まれました。その笑顔が素敵でした。「71歳で歳相応は立派な結果で良い」とのこと。医師からも太鼓判をもらって機嫌よく帰宅しました。

昼から店に出ると落ち着いた若い女性の声で「本を整理したいのですが」との電話が入りました。分野やおおその冊数、住所をお聞きしていると「母がTV毎日の『ちちんぷいぷい』を観て、片岡さんのファンになり、お会いもしたいといっています」との由。放送からすでに2年が経っています。わたしはうれしくなり「夕刻でよければ本日うかがえます」といい、ご縁ができました。

15時すぎに「ナカムラ文福堂」の中村司店主が来店されたので、「いまから引き取りに行きます。ご一緒されますか」と誘いました。お宅に到着すると、電話の主の娘さんと50代とおぼしき柔和な表情をされた母上が応対され、初対面のあいさつをしました。

母上は開口一番「テレビで片岡さんをみて、本を整理するなら片岡さんにお世話になろうと思っていました」と、「古書片岡」指名の経緯を話してくれました。恐縮しながら、さっそく中村さんと作業をはじめました。

小型バスも入庫できそうな立派な車庫兼倉庫は無造作に積み上げられた家具や衣類や装飾品の山。床に直置きされた本、紙袋に入った本は段ボール箱に移し替え、箱の本はそのまま車に積み込みました。不要な本は目算で800冊ほどありその場で撥ねていきました。中村さんとの作業でも2時間強かかりました。

作業が終わり母上と娘さんに、ご縁をいただいたことに感謝の意を述べ、またの再会を期待することを伝えました。母上は内外の整理が終わって落ち着いたら「店にうかがいたい」とおっしゃってくれました。

さて、引き取った本の整理ですが、文庫本と新書版は自宅に降ろし、ほかは店舗に入れました。日ごろは、22時前には就寝なのですが玄関口に山積みされた本が気になり、21時から分類作業に入りました。熱中するあまり日付が変わり2時近くになっていましたので、先の作業は諦めました。

部屋にあった本を事前に降ろされたようで、日時が経っているのか、下積みになっていた文庫本・新書版の多くが、反り返り変形して「商品」にならないと判断し約400冊を破棄しました。それでも文庫本1200冊・新書版400冊・単行本400冊・大判の図録など50冊ほどありました。

翌6日、7日も作業が続き、来客のない店で分類や整理に没頭し、時折、気になる本のページを繰っては楽しみました。こうしていつものように店の棚に並べる本、わたしが読もうと思う本、業者間の市会に出品する本に分け、やっと9日に一段落できました。

6日に話は戻しますが「古書片岡」の開店当初、ある女性から、ハガキにわたしや店を詩で表現し絵を添えたのをいただきました。それは店頭のガラス戸に貼りました。その女性がひさしぶりに造形作品を抱いて来店されました。

この女性は、厚紙や薄いベニヤ板や透明なセルロイドを材料に、わが店のミニチュア（高さ38㎝×幅13㎝×奥行20㎝）を造ってくださったのです。革で作られたシャッターを下ろすと「本好きの　人・本・心　つなぐ店」と宣伝文も添え、1階の雨除けの庇には「片岡古書店」の看板も掲げられています。

さっそく本棚の大判画集や写真集を7冊取り除き展示。その上には開業時にわが店を描いてくれた祖父江俊夫さんの油彩画、陶芸本の棚には亡き岩井孝之さんから開店祝いにいただいた富本憲吉の一輪挿しや益子焼の小ぶりの壺も飾ってあります。

（2018年11月7日）

片岡古書店
本と
ともに

繫がるということ

木村裕一・作／黒田征太郎・絵『風切る翼』

昨年の２０１８年9月17日に某女子短期大学の英文学の元教授のお宅にうかがいました。玄関先の廊下には本棚と段ボール箱が積み上げられていました。そこを通過してリビングルームに通されました。自宅療養中の版画・詩の作者の夫人も加わり、香りのよいお茶をよばれながら夫人の第3詩集『遠い手』、教授の随筆「日付のない時間………ブレコンの農家で」「古書の町、ヘイ・オン・ワイ」「港町ウィグ……島めぐり」などをいただきました。わたしからは元教授が初来店された折の模様を夫人に話して会話が弾みました。

話が終わると持ち帰るだけだと思っていましたが、教授はひと箱ごとに開封され不要とするものを選り分けるようにいわれました。英文学の作品や作家論やイギリスの地方都市を紹介した随筆・旅行記が多くありました。

この選別で約３００冊が破棄となりました。多くは古い文学全集の不揃いや旅行ガイドでした。教授は作業を続行の態勢をとられたのですが、84歳という高齢であり、わたしにも疲労度がわかる状態となり、夫人からも作業終了の声がかかりました。

引き上げようとすると、夫人から「町内に亡きご主人の蔵書の整理をしたい人がいて相談を受けたので訪ねてほしい」との申し出があり、願ってもないことと訪ねました。

その亡き夫君は、イギリスとアメリカの人名・地名の由来の研究者でした。蔵書の一部を拝見しましたが、日本の人名・地名の関連書や辞書が1階だけでも大量にあり、2階は未整理とのことでした。そのなかの1冊だけアイヌの地名に関連する本があり、個人的にほしいと伝えました。

夫人からは「古書片岡」の所在地や古本屋としての専門分野や引き取った本の扱いについて問われ、後日、某大学教授の子息と相談のうえ引き取り日が指定されることになりました。わたしにとって、この日は冊数と分野の下見であり、夫人からすれば「古書片岡」の評価だと理解して終わりました。

このお宅と思しき後日談があります。

それは下見から約1か月が過ぎた某日、別の経路からの紹介が入りました。住居地、亡き教授の専門分野、子息が在職される大学名が重なる話なのです。

最初は似た話だなぁと漠然と思い、そのうちにきっとだと思うのですが、これは重複する話だと思いいたりました。先の教授夫人から紹介された「古書片岡」の何かを判断にされ、夫人や子息のお目にかなわなかったのだろうと、いまは推測しています。

それにしても別の経路で紹介された古本屋が「古書片岡」とは、夫人も驚かれたのではないかと想像を逞しくしました。人の世のことですから、そんなこともこんなこともあり、でしょう。楽しいではないですか。２０１９年1月上旬現在、夫人からも別経由からも連絡がありませんので、この推察はあたっているのだと思っています。

このように、こんにちまで多くの人たちのご好意で引き取りの範囲が広がっていくのを実感しています。ただただ感謝です。

その夜、夕食を終えてから再度店に出て持ち帰った約６００冊を分類・整理しはじめました。気になる本があり内容を確かめようとページを繰ると線引きや書き込みが随所にあるのです。そこですべてを点検したところ、約２００冊が店頭にも市会にも出品できないことが判明しました。線引きや書き込みのある本を市会に出品したことが判明すると、入札されても後日取り消しになり反省を促されます。早く気づいてよかったと思いました。
店頭では線引きや書き込みがあっても安ければ買ってくださる人はいます。店頭で品物を手にして判断をされたわけですから、線引きや書き込みは了解済みとなるのです。だが棚に並べて、気長に出会いを待つほど店舗は広くなく、かつ店にその分野の客を引きつける実績がありません。仕方なく破棄しました。

（2019年1月20日）

愛着をどう断ち切れるか

石垣りん著『ユーモアの鎖国』

２０１９年になって、はや4月が過ぎようとしています。

古本屋は本を売る、買ってもらうということで「商い」として成り立つのですが、本・蔵書を処分する人から買い取ることも「商い」なのです。この買い取りがあることで、在庫本の入れ替えや、専門とする分野の補充ができるのです。「買い取ってほしい」と持ち込まれることも、自宅を訪ねて引き取ることもあります。

それら引き取った本すべてが、古本屋が必要とするとはかぎりません。不要とする本の方が多いと心得ておくのが基本です。

今年はまだ、その声がかかることが少ないのですが、3月に亡き父上の蔵書を宝塚市の実家から神戸市垂水区の自宅までに帰られる道中で持ってきてくださった人がいました。本は夏目漱石全集、ツヴァイク全集、日本古典文学大系などでした。いまの時代、本が読まれないのはもちろんですが、長大重厚な全集物はさらに売れません。ましてや、この持ち込みは欠巻の多い不揃いだったのです。

１９３７年版の漱石全集、ツヴァイク全集。全集は作品に興味のあるものがあり、古典文学大系には捨て難い編集の巻があるのですが嘆くべきは不揃いです。

古本屋として「要りません」と言い切るべきところなのですが、縁あって持って来てくださった人に、わたしは素っ気なくそう言い切ることができません。「よければ古本屋が破棄しますので置いていってもらっても結構です」と対応しました。すると「わずかでも代金がほしい」と要求されました。しかたなく幾ばくかの代金を支払いました。

こういうときの心境は、こんごもこの人とご縁があるかもしれない、幾ばくかを支払って繋がっておきたいと、つい思うのです。その希望が適えられることはほぼありません。

4月初旬に某氏の紹介で、蔵書を処分するという人を紹介してもらいました。

早速、電話を入れると、80代であろうかとおぼしき語り口調と声で「無線の専門誌が創刊号から揃っている。幾らぐらいになりますか」とのこと。わが「古書片岡」では、それを求めてくれる人の心あたりがありません。それに「こちらＪＱＣ」などという無線交信を、わが青春時代にしていた人を知っていますが、いまや、いかほどの人が無線をしているのかも思いあたりません。

そんなことを率直に説明していると「値打ちがあると思うけれどなぁ」といい、「この家をすぐに引き払わないといけないのや」、それに「いますぐ、これらの本・雑誌を手放す気はないねん」という。

わたしは話はここまでだなと思っていると、さらに「田舎の方で、これらの本・雑誌を置かせてくれる納屋か、小屋を持っている人を紹介してくれないか」とのことでした。

こうなると古本屋としては、何をやいわんかです。そこで来客もなく暇だったので、対応をつづけ、「ご自身の田舎で探されたらどうですか」というと、「みんな相手にしてくれないのや」とのことでした。「揃っているのは貴重、高かったんやけどなぁ」と話がぶり返されたのを機に話を終えました。わたしは本、雑誌にこのように愛着を持つ人と語り合うのは嫌ではありません。愛すべき人物とすら思っています。

しかし「商い」としては成り立ちません。現に引き取った本で、不要とする分野の本は業者間の交換市会に出品します。ここで先輩格にあたる業者からの入札がない本は、いまの時代求められない本、神戸や県内では需要のない本と見なし破棄することになります。
本好きのわたしなどはもったいないないなぁと思うのですが、これが現実です。

（2019年4月30日）

本が取り持つ縁

田中忠敬著『青き風ふたたび』

２０１９年5月13日の昼下がりのことです。

「亡き父の蔵書を処分したい」「父のメモに残っていた片岡さんをやっと捜し当てました。わたしは京都在住ですが実家近くに住む姉から打ち合わせの連絡をさせます」との電話がありました。

父上のお名前をうかがうと書評誌『足跡』同人の仲間だった人で6月2日に訪問しました。当日は、夫人と長女夫妻が立ち会われ、まずはご遺影に頭を垂れてから故人との思い出を話させていただきました。その後、蔵書の選り分けに入り、冊数にして５５０冊を箱詰めしました。

故人は姫路文学館での読書会で司馬遼太郎の作品の輪読会に参加、創作同人誌『播火』への作品発表、『足跡』への書評活動など精力的に取り組まれていました。それゆえに司馬作品は全作品が揃っているように思えました。惜しむらくは多くの線引きや書き込みがあり深く読み込まれていたことを、あらためてしりました。

生前にうかがっていた青春時代を彷彿とさせる蔵書には、信州の山を舞台とした小説、登山家の記録作品などがたくさんありました。また、なぜか鳥取県境港市にあるアジア博物館の敷地内や日南町に、記念館がある作家・井上靖の単行本・文庫本の作品や『エッセイ全集』(全10巻)もあり、熱心に読まれていた痕跡が残されていました。

ほかには姫路・龍野・小野といった播州地方に在住した小説家や詩人の作品。さらには学友や親交のあった人たちが出版された作品。たとえば『播火』編集長を長く務められた柳谷郁子さんの『美しいひと』もありました。

この本の発行日をみると2月21日でした。1月1日に亡くなられた故人は手にされることなく逝かれたことになります。

そんなこんなをここに記すことで、故人のご冥福をこころからお祈りいたします。

この余韻が覚めやらぬ6月7日。きょうも来客がなく暇な一日だなと思っていると、80代とおぼしき女性から16時ごろに電話がありました。

かぼそい声で「海文堂書店でもらったチラシでそちらを知りました。いまも本の引き取りをされていますか」との問いかけでした。「やっております。どのような分野で、冊数はどのくらいですか」と、いつものように尋ねました。

すると「これから整理しますので、後日連絡いたします」との返事。そこで「お名前とご住所をお教えください」と問いました。ここをちゃんと聞いておかないと、経験上、それっきりになる可能性が高いのです。「以前にも引き取ってもらったことがあります」と。それ以上は答えてもらえませんでした。

聞き覚えのない声、雲をもつかむような話です。せめて名前だけでもわかると、古物商として義務づけられている『古物台帳』に記載することになっていますので、それを繰ってみれば、手がかりはあるのですが、それもできませんでした。なんだか消化不良、欲求不満を抱え込んだ思いで受話器を置きました。

もしかしたら、どこかの古本屋と勘違いされているのかもしれないとも思いました。あるいは、言葉どおり「引き取り」が貰い受けだったとすれば、それは「商い」ではないので『台帳』には記載していません。そう思いもしましたが、そんな人にも記憶がありません。

こうして、月が変わり日が経った8月20現在も連絡をいただけていません。そんなものだろうという思いと、いつか連絡が届くであろうという淡い期待も消え去りません。なんらかのご縁があったからこそ、連絡をいただけたのでしょう。気長に待ってみます。

それにしても、雨が降らず高温のつづく夏を過ごしています。まだ1か月は耐え忍ばないといけないような天気予報がでています。

みなさま、ご自愛ください。

（2019年8月20日）

本は自らの運命を辿る

小島恒久著『マルクス紀行』

「古書片岡」は２００９年5月1日に開業しましたので10年8か月になります。

わたしの青春時代は１９６０年代後半でした。「60年安保」は小学生で、「70年安保」は学籍はありましたが社会人になっていました。家庭では政治的な気風がなく、社会的にも影響をうけた記憶がありません。

そんなわたしが20歳前後になり、読んだ本で「青春時代に長く読み継がれた古典や超大作いわれる作品を読み通す努力をしてはどうか」との文章に出会いました。

そんな１９６７年はマルクスが『資本論』を発刊して１００周年の年だったので、『資本論』に挑戦してみようと思いました。

まずはマルクスの経済学の著書で準備体操をしてました。最初は独習で、第1巻を脚注などを無視してただひたすら本文だけを読みました。マルクスの論理展開に躓きながら、必死についていきました。

つぎは本文を無視して脚注だけを読むというムチャな読み方でした。もちろん理解などできませんでした。それでも読み始めたからには最後までと第4巻にあたる『剰余価値学説史』までいきました。

そんな青春時代を過ごしたので、定年退職後に開業した当初は、店の棚には約20%がマルクス経済学の書を並べていました。だが、こんにちの政治・経済情勢や労働運動の低迷を反映して、それらの本が予想どおり求められないことがはっきりしました。そこで多くの本を自宅に持ち帰りました。

長い導入話になりました。開業から10年間で『資本論』を独習している人が1人。仲間・友人と学習している人が1人来店され、語り合うことができました。

話をうかがうと「友人と2人で月3回勉強会を開いています。向坂逸郎訳・長谷部文雄訳・大月書店版も手元に置き、時に読み比べています」と、幾度も来店され品揃えの変わらない棚を熱心に見てくださいます。多くはすでにお持ちでお役に立てていません。

その人のいまの探求書は青木文庫版『資本論』だそうです。若いころの書き込みや線引きが激しく、もう1セット欲しいというのです。ぜひ入手してあげたいと思っています。

そんなこんなの9月のある日。同世代とおぼしき男性が初来店されました。

開口一番、「幾度も前を通って寄りたいと思っていましたが、いつも閉まっていてやっと念願がかないました」とのお言葉。いつものように孫守りを理由に、お詫びとお礼をいいました。

この人は千葉県出身。30代のころ「和紙の魅力に取りつかれ紙漉をしたい」の一念で、兵庫県の北播磨地方に位置する多可町杉原谷の「道の駅」に隣接する町立杉原紙研究所に縁を得られ、夫妻して移住されたという経歴の持ち主とのことでした。

そこで杉原和紙を漉く技能を磨き、従事して約40年。現在は研究所内の「寿岳文庫」で故寿岳文章氏などから寄贈された「和紙に関する書籍や資料の分類・整理に携わっています」と語られました。寿岳氏は現在の神戸市西区押部谷のご出身です。

その多可町から「古書片岡」周辺までは、約2時間もかかるのに、なぜに頻繁に行き来されているのかが不思議で、お尋ねすると近くに娘さんが営む食堂があり、「そこに週2回、夫婦で作った農作物を届けている」とのことでした。

探求書は和紙や寿岳作品に関する書籍・資料ですが、ご自身は考古学にも関心を持たれているようで、氏の店内での動きを見ていると、それらの棚に手がよく伸びていました。ほかにも気になる人がいらっしゃいます。建築設計にかかわる人のようで「沖縄の民家に魅せられました。写真集か、画集を探しています」とのこと。いつか、どこかで捜し出してあげたいと心に留めています。

昨年は、このような人たちと出会った楽しい1年でした。

（2020年1月1日）

返却忘れの図書館本

まど・みちお著『百歳日記』

２０１８年の秋に某氏からいただいていた引き取り話です。

神戸市内の小学校の跡地に市営住宅が建ちました。その市営住宅の住民と地域の人たちのための集会室もあり、図書室も整備されていました。それを管理する自治会が、このたび図書一切を処分することになったそうです。そこの自治会役員から「『古書片岡』で必要ですか」と声をかけてくださいました。

経験上でいえば「不要です」と答えるべきなのです。なぜなら、それらの蔵書には、その団体の蔵書印が押されているであろうし、率直にいえば貴重な本はないであろうとの判断からです。声をかけてくださった某氏に尋ねると、案の定「蔵書印がある」という。それでも敢えて断らずに「拝見したい」と伝えました。

そして明けて2月に連絡が入りました。訪ねるにあたり、蔵書印のある本を古本屋を介して流通させるには「蔵書印の横に破棄本であることを証明する印が必要」と伝えました。

読書家の某氏は「そういえばインターネットで買った本にもそういうのがあった」と理解してくださり、親切にも『『破棄本』というゴム印を作り、片岡さんが必要とする本に、そのゴム印を押します」とまでいってくださいました。

こうして2月16日に再度連絡をいただきました。結果として「自治会としての手間を考えると町内にある障害者施設の活動資金になるよう資源ゴミとして差し上げ、活動資金のたしにしてもらいます」とのことでした。わたしは了承しました。

興味はただ一点、どのような本があるかでした。本好きの人なら、わかっていただけると思いますが、よほどの専門分野の図書館でないかぎり、ありふれた本がそれなりに収蔵されているという光景です。図書館特有のカバーは剝がされ、蔵書印があるでは「商品」としては流通できません。仲介の労をとってくださった某氏のご親切、自治会のみなさんのご厚情に感謝して終わりました。

それでも、こうして声をかけてくださる人のいることをありがたいことだと感謝しました。

話は変わります。

開店する10分ほど前に家を出ます。

15時を過ぎるころに電話が決まったようにかかってきます。当初は、お客さんからと喜び勇んで受話器をあげたものですが、そのほとんどは企業の営業活動の電話です。

最近の内容は具体的にはつぎのようなのがあります。

「店舗の照明器具をＬＤＥに替えられませんか。電気代が安くなりますよ」。「お店の運用貸し付け資金を使われませんか」。「税金申告時期が来ました。税理士を紹介いたしますよ」。「水道事業も始めました。ガスとセットにされると安くなりますよ」などというものです。

わたしの対応は、その時の気分で変わります。鬱陶しいと思うと「いま来客中ですので、ご遠慮ください」と伝えます。ほとんどですが、暇で時間を持てあましているときは、先方の説明をしっかりと聞き、対応します。

その例は「ＬＤＥ」に対しては「電気代は店舗の店子の頭割りです。当店だけが安くしても意味がありません」といい、「貸し付け資金」に対しては「店に来て老人のわたしを見てください。あと何年も続かないことがわかっていただけると思います。資金がなくなれば廃業です」といい、「税理士」に対しては「年商１００万円に達しない古本屋に税理士が要ると思われますか」といい、「ガスとセット」には「ここはガスが引かれていません。セットのしようがないのです」といいます。ほかにもなにかありましたが忘れました。

すべて嘘をついて断っているわけではありません。これが「古書片岡」の現実です。

（２０１９年8月20日）

町内の多芸な人びと

田淵行男写真集『山の季節』

わが町の周辺には、一芸に秀でた人が多数お住まいです。そのひとりに50代のアマチュアの造形作家がいらっしゃいます。

その人が２０１８年の秋に「造りたかった『古書片岡』の作品をやっと完成させました」と持参してくださった作品は、高さ38㎝×幅23㎝×奥行き20㎝で、木と紙と一部セルロイドを材料に作られていました。店内に飾るには手頃な大きさで、本棚の上に置きました。

作品にはシャッターもあり、そのシャッターを下ろすと「本好きの　人・本・心　つなぐ店」のスローガンも書かれていて、思わずニンマリとしてしまいました。興味のある人はご来店のおりに見てやってください。

同じく新聞社や放送局の短歌に応募され、常時、入選されていた若い女性がいます。その人は絵心もあり『「古書片岡」通信』創刊号の「店主あいさつ」の末尾を飾っている、わたしの似顔絵や、「本を持っている片岡さん」を描いてくださいました。

3年前にいただいて機会がきたら、いつか使いたいと思っていました。作者名を公表しなければ「使いたい時に使ってもよい」との許可を得ています。そこで、似顔絵はトレードマークとして、店主の仕事絵は紙面の構成をみて使わせていただこうと思っています。

そんなこんなで2018年は暮れました。年が改まり、早々に昨秋に神戸市兵庫区荒田町で開業された古本屋「ナカムラ文福堂」の店主・中村司さんが見えられました。

中村さんはカルチャーや漫画作品、LPレコード・CDが専門で詳しい人で、月に2度ほど来店されます。わが店の近くに住む高齢の母上を訪ねたあと、わが店の向かいにある喫茶店のコーヒー豆を買ってから来られます。

話題はもちろん古本屋としての情報交換ですが、お互い商売としては芳しくなく、自然と本好きの道楽・趣味話に踏み込んでいきます。なんとも悠長な話です。わたしが開業して初めて、先輩面して忌憚なく語り合える同業者です。冗談ですが年齢でも先輩というのも心地よいものです。

この中村さん絡みの話でおもしろい体験がありました。もちろんわたしではなく、中村さんにですが相談に乗った手前、後日談を知りました。

それは中村さんが開店させた店のごく近くに、その昔、漫画本とアダルト雑誌を専門とする古本屋がありました。店主死去で閉店、最近になって親族が店舗を解体するために本を資源ゴミに出し始められました。

わたしは中村さんに、その親族を捜し当てて、残されている本を引き取らせてもらってはどうかと話しました。古本屋になり始めたころ、店主死去で廃業する古本屋の夫人が同業者仲間に残った本を処分してもらったということを聞いていたからです。

中村さんは漫画本約1000冊とアダルトビデオを引き取ることになったそうです。しかし、すでに処分が始められていて、残されていた漫画本も不揃いが多く、ビデオは今の時代売れないということで、引き取ったはよいが使いものにならず、中村さんの手で資源ゴミに出すはめになったそうです。身体の丈夫でない中村さんはその疲労で腰痛になり、しばらく寝込まれました。わたしの余計な提案で、痛く辛い目に合わせてしまったようで申しわけなく思っています。

さて、わが「古書片岡」の引き取り話ですが、昨年からの持ち越しで6件あります。

三田市・姫路市・神戸市垂水区の3人の元大学教授。奈良県橿原市・長野県上田市の元『足跡』同人仲間2人。神戸市北区の元高校教師からの連絡を待つ状態です。その分野は日本中世文学、言語学、英文学、詩歌、美術書、書道書、文学・小説、社会科学書、出版人・界、信州地方に纏わる本でしょう。声がかかるのを楽しみにしています。

（2019年4月20日）

平和主義に徹したい

リサガレー著『パリ・コミューン』

店の奥の番台で座っていると、積み上げた本に埋もれて、店先の公道の動きはわかりません。でも、退屈なのでたまに店頭に出て、人や車の動きを見ることがあります。

そんなとき学校帰りの児童や生徒と会い言葉を交わしたり、病院や買い物帰りのご近所の高齢者と挨拶を交わします。その多くはお宅やお名前を知らない人がほとんどです。

２０１９年９月30日15時近く、常連さんの女性が「バス停にいるおじさんがおかしい」といいながら、店に飛び込んできましたので、一緒について行きました。

見れば「おじさん」という人も、住所や名前は知りませんが、よく顔を合わせる男性で、バスに乗車されるおりや自転車で店の前を通過されるので、お互い顔を合わせると笑顔で挨拶を交わし合う人でした。

このおふたりは、店の向かいにある郵便局のＡＴＭをめぐって揉めているようでした。

男性の方が言葉尻と表情で興奮度が高いと判断しました。そこで暴力沙汰に発展させてはいけないと思い、ふたりの間に体を入れて興奮状態を静めようとしました。

男性の方が郵便局前でも暴力をふるわれたと主張していました。ふたりは郵便局で別れていればよかったのですが、お互い納得がゆかず、バス停まできました。郵便局内でのことはわからないので、まぁまぁ、というしかありませんでした。

そうしてふたりを少し引き離して、ちょっと落ち着いたかと思った瞬間です。

女性の手が挙がり、男性の頬を平手打ちしました。眼鏡が路上に飛び、まずいなぁと思いつつ拾って渡そうとすると眼鏡の滑り止めが当たったのでしょう。鼻の横から血が滲み始めました。

男性はスマホで「暴行を受けました」と警察に連絡、緊急出動したパトカー3台がサイレンを鳴らして到着。複数の警察官がふたりを囲んで事情を聞いていました。わたしは、その時点で店に戻りました。

しばらくすると警察官が店にきて「どの時点から見ていましたか」「どちらから殴りましたか」との問いのあと、わたしの氏名・住所・生年月日・電話番号を聞いたうえで「後日、お尋ねすることがあるかもしれません。協力ください」といわれました。

開店して10年。ささやかなことはいろいろありました。パトカー、救急車、消防車が緊急出動で、店前を走り抜けて行くことは毎日のようにあり、めずらしいことではありません。でも警察絡みは初めてでした。

平和主義者のわたしには一番苦手な場面でした。どちらかから手が出ることには多少、警戒していましたが、女性からとは思ってもいず驚いてしまいました。

双方とも、これからもお会いすることがある人たちです。警察沙汰になってしまいましたが、謝罪や治療費などで収まればよいのにと他人事ながら思っていました。

その日は9月最後の日。気温30度で蒸し暑い日でした。厳しかった夏を引きずり体調や自制心も弱っているのでしょう。少なくとも、ふだんは双方とも温厚な人とお見受けしていました。手を挙げた人は、とくに判断が狂ったのかもしれません。

そして翌日、双方の人が来られ「迷惑をかけました」と挨拶されました。双方の立場からの言い分も述べられていました。おふたりには悪いのですが、警察署でのその後の対応を興味本位で聞いてしまいました。

約3時間も事情聴収され、結論は郵便局からバス停までの間に男性が先に手を出したと判断され、お互いがその場で謝罪をしあうということで傷害事件とはならなかったようです。さらに治療費、眼鏡の修理代も女性には不問にふされたとのことでした。男性はその結論に納得がいかず、そのことをぼやいていました。短気は損気。先に手を出したが負けということでしょう。

（2019年9月30日）

信心ごころはなけれども

茨木のり子著『言の葉さやげ』

わが「古書片岡」の近くに臨済宗妙心寺派の道場があります。寺の名は祥福寺といい、全国各地から若い修行僧・雲水がこられています。そのおひとりに聞くと「大分県から」とおっしゃっていました。いぜんに聞いた修行僧は「三重県から」とのことでした。この寺の雲水と夏目漱石とが文通をしていたこともありました。

また檀家や檀信徒たちが定期的に集い『臨済録』『無門関』などの研究会や座禅会が開かれています。その会に参加されている人たちは高齢者が多く、会が終了すると三宮駅と神戸駅ゆきのバス停まで歩かれるのですが、なかには店に立ち寄って棚を眺めたり、雑談をされる人もいます。

それらの人とのご縁を書いてみます。

おひとりは80代の男性。初めて来店された4年前に「こちらは本を引き取りに来てもらえるのですか」との申し出がありました。その日から、わたしからは書評誌『足跡』を送付したり、氏の随筆が送られてきたりして交流を重ねてきました。

引き取りは２度にわたり、２０１７年と昨年19年の12月22日にしました。夫人は昨年５月に逝去されていましたので、まずはご遺影に頭を垂れ、ご冥福を祈りました。氏は独り暮らしをつづけられる覚悟とのことでした。娘さんご一家が近くにお住まいなので、ひとごとながら安心しました。

この日は娘さん夫妻が来て箱詰めから車への積み込みまで手伝ってくださり、２時間の作業を覚悟していましたが約１時間ですみ、正午前には店に戻れました。

今回の蔵書は英米文学の原書と、作品に関連する研究書やイギリス紀行。それに英語の辞書類でした。武本昌三著『イギリス・比較文化の旅』、工藤好美著『文学のよろこび』、松浦暢著『水の妖精の系譜』などとともに不要だというクラシック音楽を中心とするＬＰレコードも約１００枚を持ち帰りました。

ほかには夫人の蔵書と推察される伊勢田史郎著『海のうえの虹』『幻影とともに』、田中荘介詩集『少年の日々』や演劇の本などでした。ご自身も詩を詠まれ、詩集を出版されていました。今回は段ボール箱で15箱、約５５０冊でした。

氏からの本の引き取りはこれで終了だと思われますが、祥福寺での研究会には、これからも参加され、帰路には店に寄ってくださるとのことでした。わたしからは、今後も『「古書片岡」通信』をお送りしたり、電話をしたりしようと思っています。

もうひとりは60代の女性です。

同じ日に山田無文という著名な老師の著書や『禅を聴く　テープ法話集』などの禅に関連する書。ほかに森山隆平文・写真『石佛巡礼』、柳田国男著『遠野物語』、その『遠野物語』を京極夏彦が読み解いた『遠野物語ｒｅｍｉｘ』、笹部新太郎著『櫻男行状』などを引き取ってきました。英文学の原書や写真集なども残されていましたが、しばらくは手元に置いておきたいとのことでした。

この女性はわが『通信』を読んで拙著の予約とともに、「出版記念パーティをされるのなら、必ず呼んでくださいね」とお便りをくださり、おもわず微笑がこぼれました。

祥福寺がらみでは、あとおふたりの常連さんがいます。

おひとりは毎土曜日の16時ごろに見える信徒の人です。わたしは檀信徒とはと尋ねてみました。その人は「信徒とは家の宗教とは関係なく個人として信者になること」と教えてくださいました。

もうおひとりは僧侶で、檀家の人たちからは「慧さん」と呼ばれて親しまれている人です。読経で鍛えられているからでしょうか、道ですれ違うおりの挨拶も遠くまで聞こえる声量があり、なんとも心地よい響きです。

世の中にはいろんなご縁があるものです。


（2020年2月25日）

おじいちゃん本がいっぱい

砂田弘著『威臨丸の男たち』

2020年の春は暖冬の影響か、桜の開花が例年より一週間ほど早かったです。

若いころからお世話になりっぱなしの島根県出雲市在住の医師・保健師ご夫妻が事前に「どのような本が、ご入り用ですか」と問い合わせてくださっていたので、遠慮なく「教科書的な本は不要です」と伝えてありました。3月23日に「段ボール箱2箱の本を送ります」との連絡がありました。

翌24日19時に届きました。開封すると1980年代以降に刊行された本たちでした。夫妻は、少しお若いのですがほぼ同世代で、失礼かもしれませんが、問題意識が共通することが多いと認識しています。

それゆえに送っていただいた本は、そのまま棚に並べたいと思うものが多く、とくに戦争の悲惨な状況を、医学的な視点で史実に基づいた作品などに、わたし自身が興味を覚えました。

一部を紹介すると、レオ・メーター著『バーバラへの手紙』、シュヴァルベルク著『子どもたちは泣いたか　ナチズムと医学』、ライアン・ホワイト／アン・マリー・カニンガム著『エイズと闘った少年の記録』など、初めて知る作品がたくさんありました。

ほかには国分一太郎著『小学教師たちの有罪　回想・生活綴方事件』、昨秋に沖縄の佐喜眞美術館でも観た丸木位里の作品が収録された画文集『流々遍歴』、イギリスの炭鉱のストライキの状況を子どもたちが綴った『父さんの贈りもの』がありました。

この『父さんの贈りもの』の存在は知っていましたが、ここで出会って40年前の若き日を思い起こしました。

それは翻訳者のおひとりである山崎勇治氏が同志社大学大学院生として内田勝敏教授の下で研究されていたころ、わたしはご縁を得ていて公私にわたりお世話になっていたからです。内田教授のもとで研鑽を積んでおられた5人の大学院生をいまも忘れられません。

そんな感傷に浸ろうとしていると、親の帰宅まで預かっていた3歳の孫娘が、本を次から次へとコタツの上板にうれしそうに並べ始めました。ふだんから童話を読み聞かせたり、図鑑や児童書を身近に置いて触れさせているので、孫にとっては自然な遊び感覚のようです。

おかげで体調によっては長く感じる孫守りの時間が、この夜は短く感じることができ、楽しいひとときになりました。

そのなかから孫娘の蒼《あおい》が「おじいちゃん、これ読んで」と差し出したのは、1987年に劇場公開したアニメ映画『WHEN THE WIND BLOWS（風が吹くとき）』でした。わたしたち夫婦も15冊ほどを選び、店頭に並べる前に読ませてもらいました。

第2弾の2箱が4月4日に届きました。

分野は多岐にわたりますが、その昔に読んだ懐かしい本――大佛次郎著『天皇の世紀』『パリ燃ゆ』、朝日新聞社で大佛担当の文芸記者だった櫛田克巳氏の著『人・心・旅』、松下竜一著『いのちき　してます』、佐野眞一著『遠い「山びこ」』、ショーロホフ作『静かなドン』などがありました。

今回は、鳥取県米子市では有名な老舗の油屋書店を営まれていた野坂亮蔵氏の著『一期一会』、ご縁のあった東京の医療生協・梶原診療所の地域活動を綴った藤田十四三著『ドラマはまたも』、松谷みよ子作『屋根裏部屋の秘密』ほかを手元に置きました。

話題を、店での触れ合いに変えます。

昨年の5月。40代の女性が近くの五宮神社に来られたついでに立ち寄られました。問わず語りに、娘さんが沖縄の美術大学に入学したので最近、沖縄によく行っているとの由。「本が好きなので沖縄の古本屋もよく立ち寄ってしまう」と自己紹介されました。

そして、この店とフレンドリーな店主が気に入ったので、「ブログ仲間に知らせたい。店内と片岡さんを撮ってもよいか」といい、楽しそうでした。いつの日にか、再来店されたら、そのブログを見せていただこうと楽しみにしています。

（2020年4月19日）

あとがき

わが「古書片岡」の開業の22年前から、書評誌『足跡』を同人仲間と発行していました。書評の同人誌ですので、1冊の本を取り上げて、文章を書くというのが大前提ですが、わたしは書評文と、いままでお読みいただいた「古本屋の四季」というエッセイとも、随筆ともいえない、古本屋の営みからみた、本と人と心の光景を綴ってきました。

その『足跡』および「古本屋の四季」に心を寄せてくださった人がいて紆余曲折の末、本書となって世に出ました。さて、読んでくださっての感想はいかがでしたでしょうか。本が好きで、古本屋めぐりが好きな人は、一度は古本屋をしてみたいとお思いのようです。かくいうわたしも定年を5年後となったころから、退職後の余生は古本屋をして過ごしたいと、『足跡』同人仲間や同僚たちに公言していました。

みなさんのなかにも、そんな希望をもたれている人がいらっしゃると思います。現にこの10年間に、来客を装いながら「古本屋をはじめたいのですが」と来られた人が、10人ほどいらっしゃいます。なぜに古本屋をしたいのか、屋号はこう考えている、専門分野はこれ、借りる店舗の立地条件を語り、開業までの計画を語られる、それらのみなさんは、とてもよい顔をされ、目が輝いていました。

そんなとき、わたしは「商い」としては厳しいですが、本と人との触れ合いを想えば楽しいですよ、と伝えてきました。それは暗に、家族への生活の責任がある間はむつかしいということを伝えたかったのです。それでも、「開店に漕ぎつけました」とのお便りをくださった人が3人いらっしゃいます。

さて、この本でも、希望や願望を温める人の背中を押すことができ「清水の舞台」から飛び降りる手助けができただろうかということと、その反対に開業後の苦労が並大抵ではないことに、気づかせ思い止どまることに寄与できたか、です。また古本屋は愛着のある蔵書を処分する人、探求書を求めて古本屋をめぐる人がいてこそ成り立つ商売です。その人たちが読まれて、どのように感じられたでしょうか。古本屋の舞台裏に迫れましたでしょうか。

そんな読者のみなさんの感想をいつの日か、おうかがいできることを楽しみにいたしております。

なお、本書に収録されている「古書片岡」を題材とした油彩画、イラスト、造形作品は、祖父江俊夫氏、岩井孝之氏（故人）、横田信子氏が開店当初にお祝いとして贈ってくださったものです。

本書が世に出るのにご尽力いただいたのは、文学・古書・編集に纏わる著書を多く出版されています現役編集者の高橋輝次氏です。また出版を快諾してくださったのは、昨年11月に創業40年を迎えられた皓星社の晴山生菜社長です。

末筆ですが、心からの感謝を申し述べます。

２０２０年５月１日

「古書片岡」店主　片岡喜彦

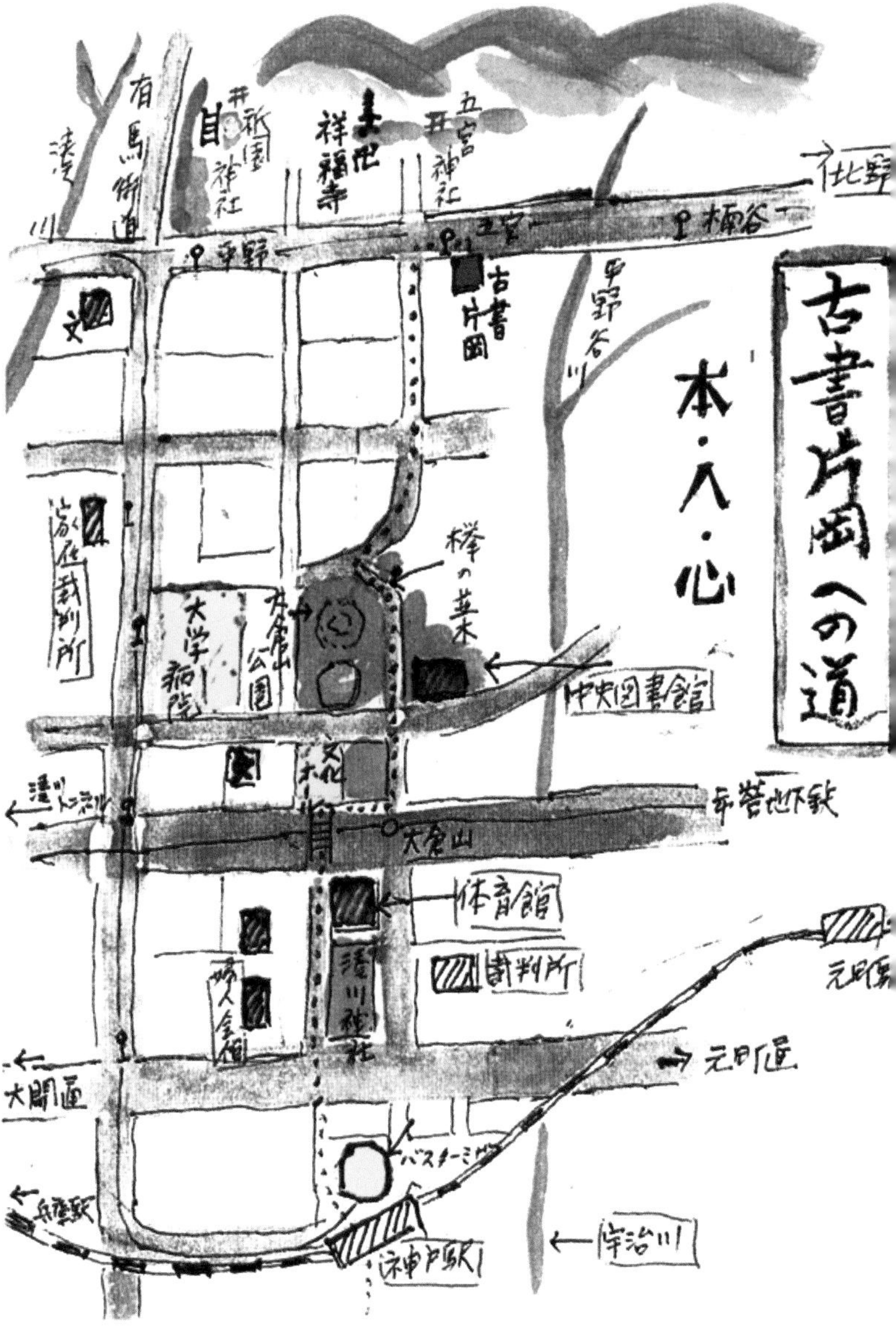
古書片岡への道
本・人・心
有馬街道
湊川
祇園神社
祥福寺
五宮神社
平野
五宮
楠谷
北野
古書片岡
平野谷川
家庭裁判所
大学病院
大倉山公園
桜の並木
中央図書館
文化ホール
湊川トンネル
大倉山
市営地下鉄
体育館
裁判所
湊川神社
婦人会館
元町通
大開通
バスターミナル
兵庫駅
神戸駅
宇治川

初出

『足跡』90号（2008年11月）～131号（2018年11月）

「古書片岡通信」1号（2019年5月）～4号（2020年4月）

数編の未発表原稿を加えました。

カバー装画　祖父江俊夫

造形作品（P237）横田信子

イラスト（P277）岩井孝之

【著者略歴】
片岡喜彦（かたおかよしひこ）

1947年生。大阪市出身。労働者運動の専従職を35年間勤める。
定年退職後、古本屋「古書片岡」を2009年5月1日に開業。
現在に至る。
著書『本のある風景』（1～4）
写真集『造船の町と人びと』『運南に暮らす人びと』『高架下商店街と人びと』。

古書片岡
〒652-0006　兵庫県神戸市兵庫区神田町10番10号
電話　078-361-8766
営業時間　13時から17時
定休日　不定休

古本屋の四季

2020年7月1日　初版第1刷発行

著　者　片岡喜彦

発行所　株式会社　皓星社
発行者　晴山生菜
〒101-0051 東京都千代田区神田神保町
3-10 宝栄ビル6階
TEL：03-6272-9330　FAX：03-6272-9921
Mail：book-order@libro-koseisha.co.jp
ウェブサイト　http://www.libro-koseisha.co.jp

装　幀　藤巻亮一
印刷・製本　精文堂印刷株式会社

乱丁・落丁本はお取替えいたします。

ISBN 978-4-7744-0725-8